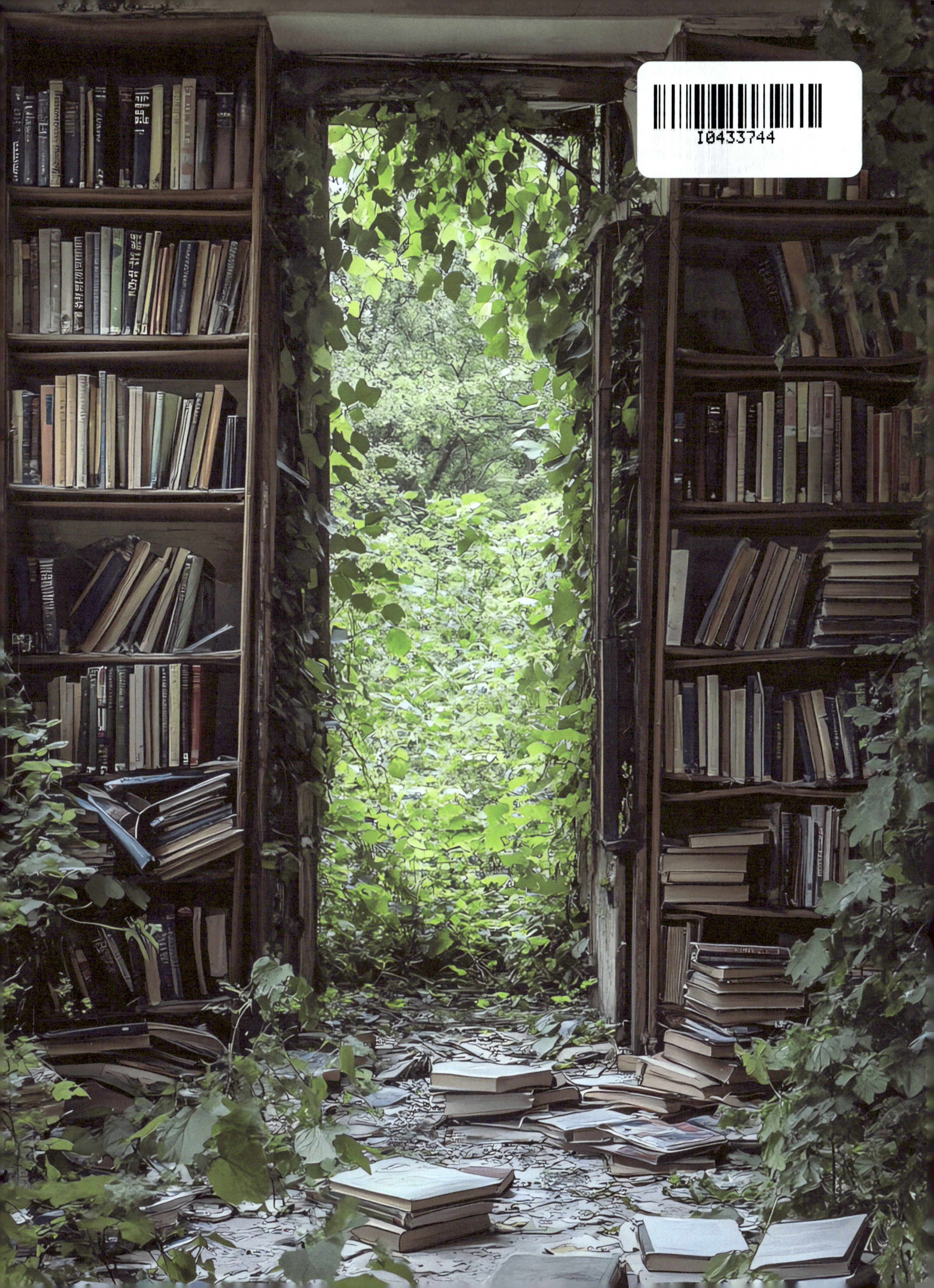

I0433744

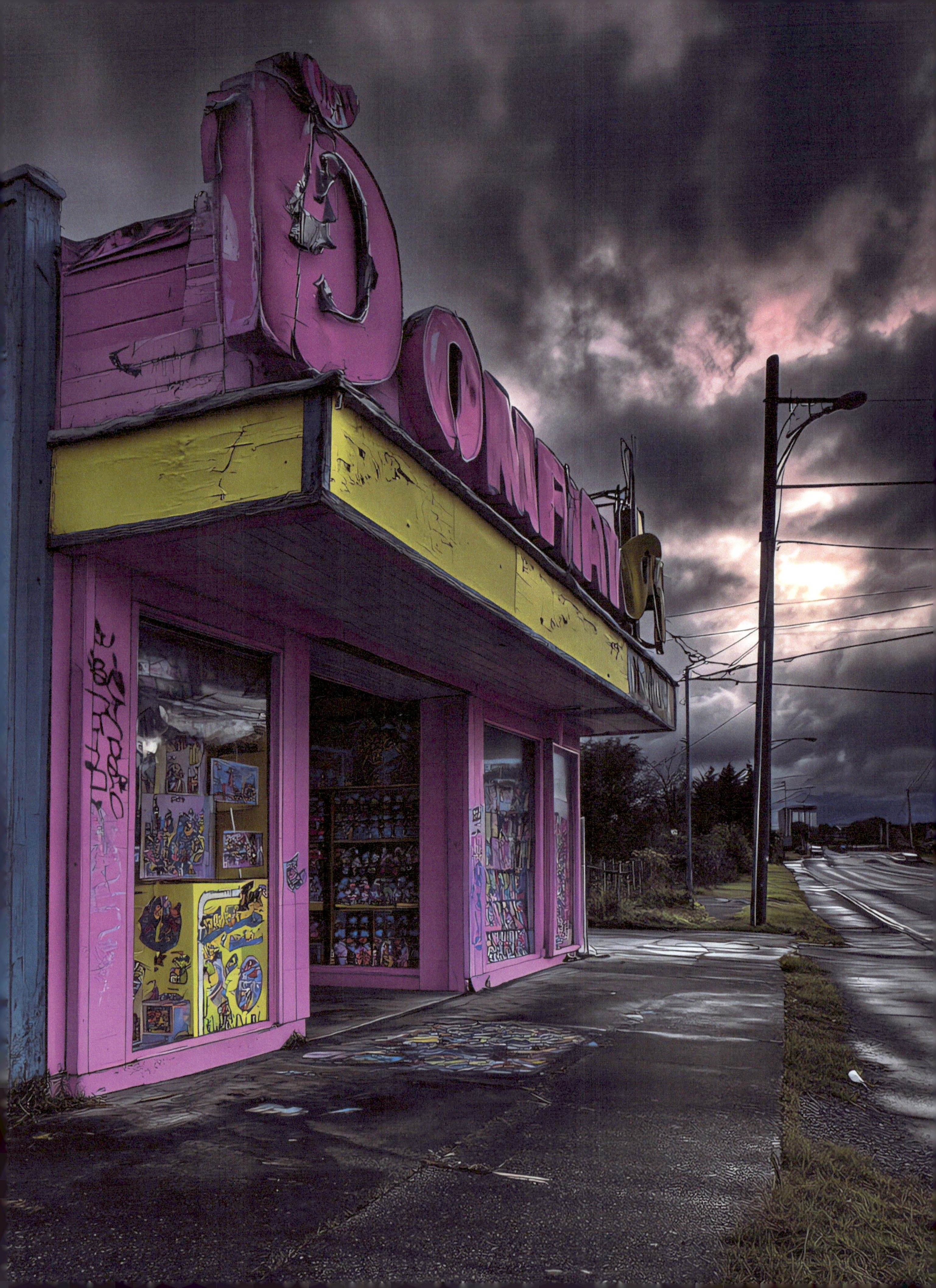

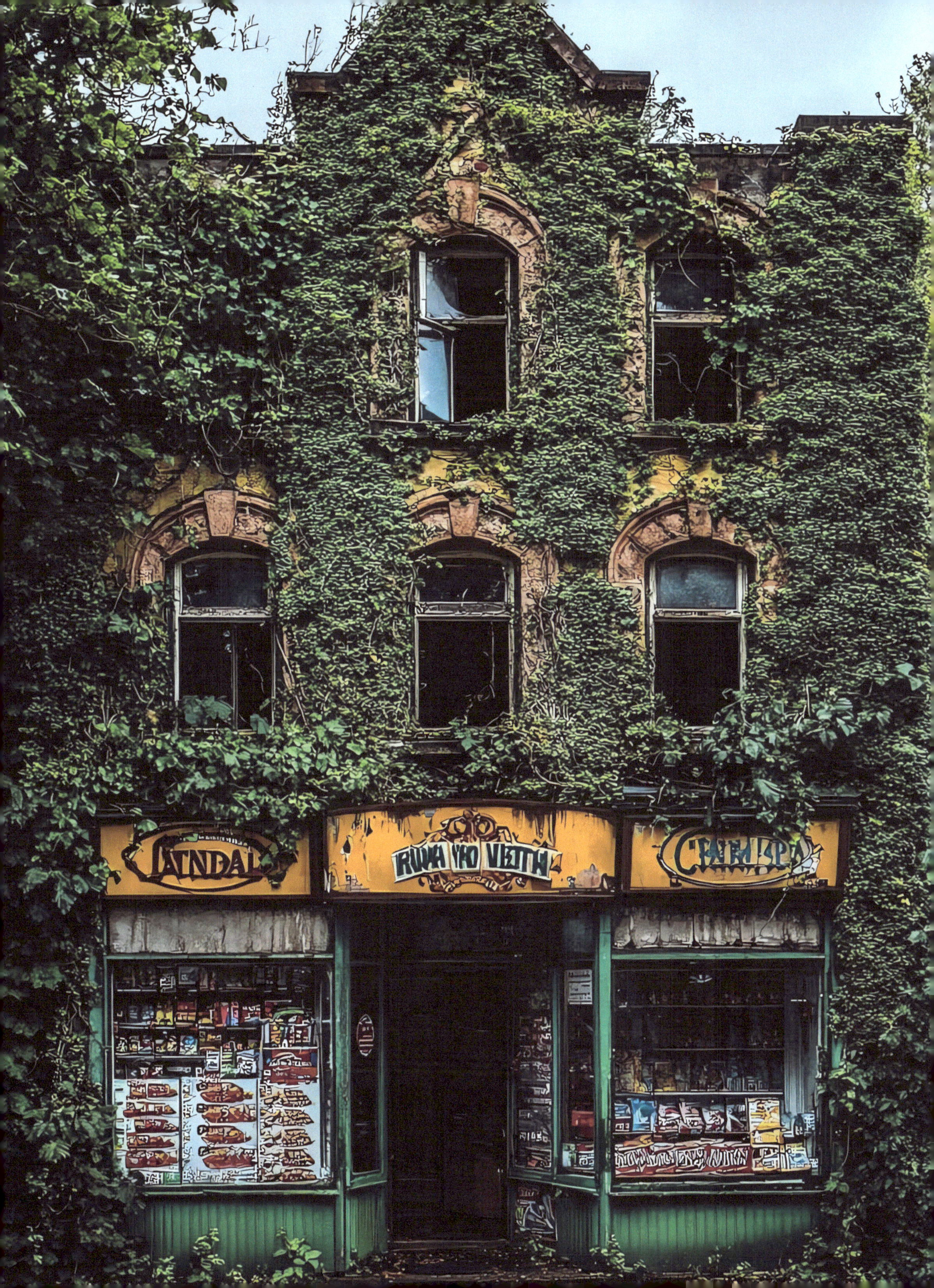

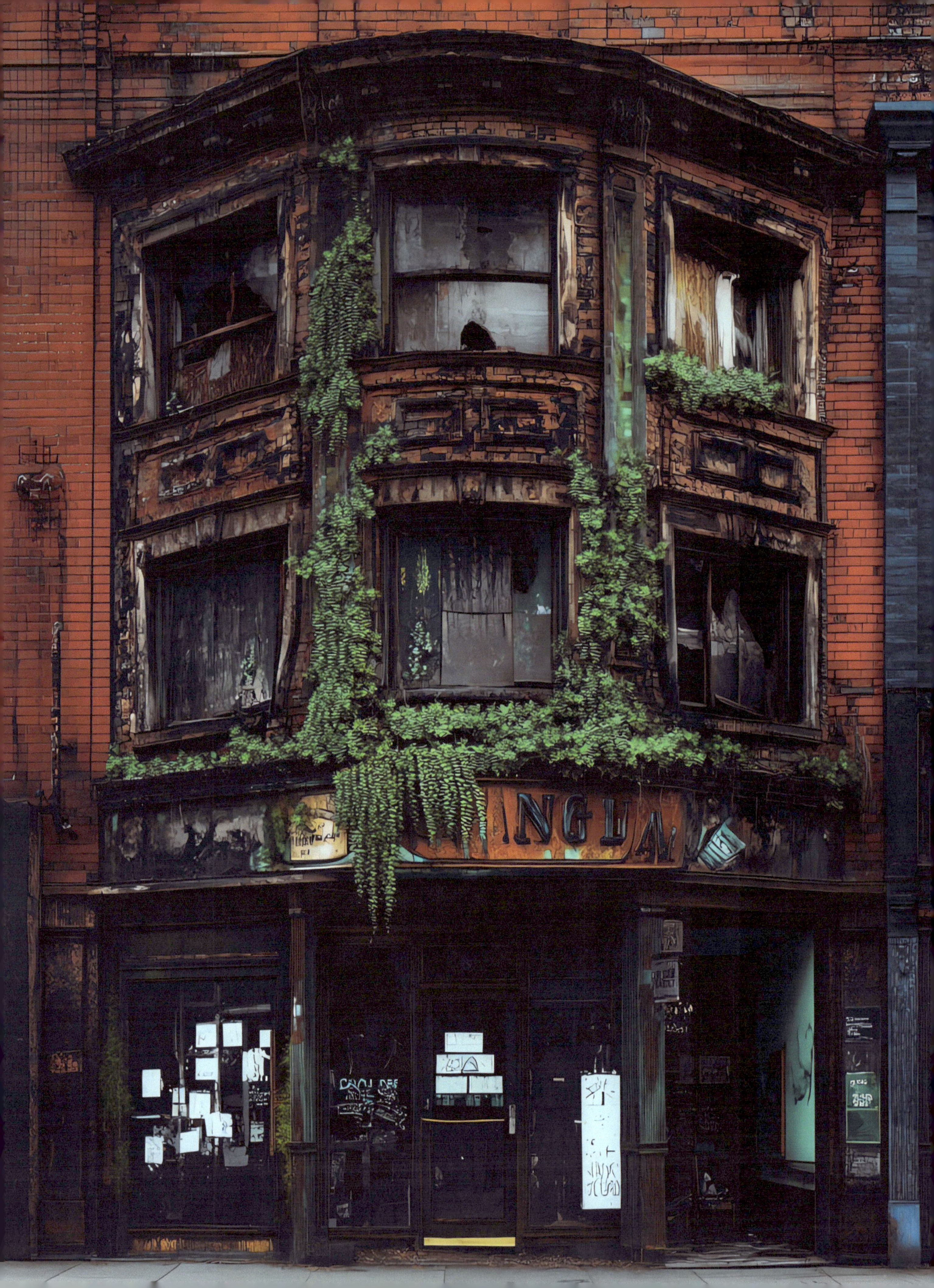

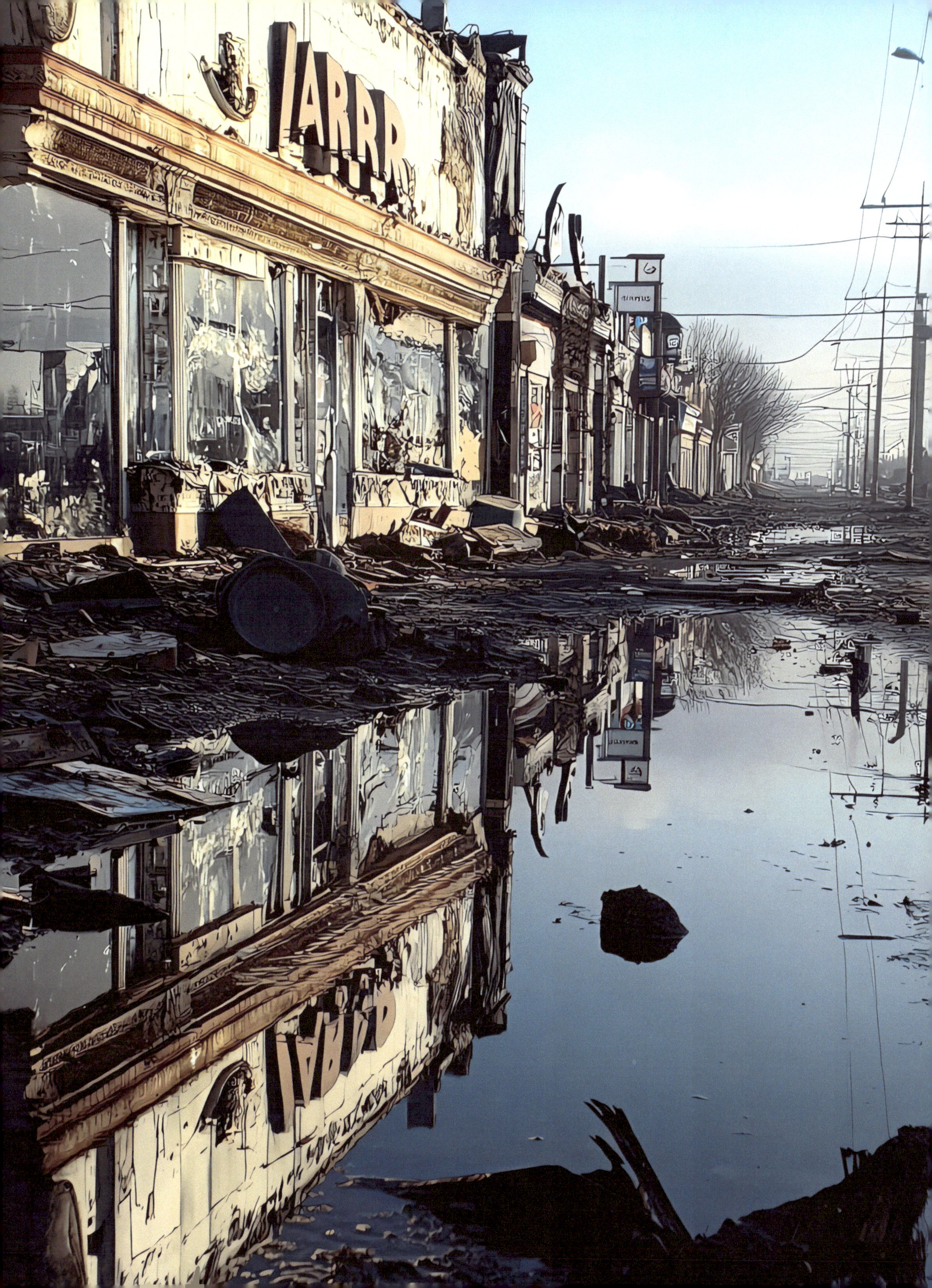

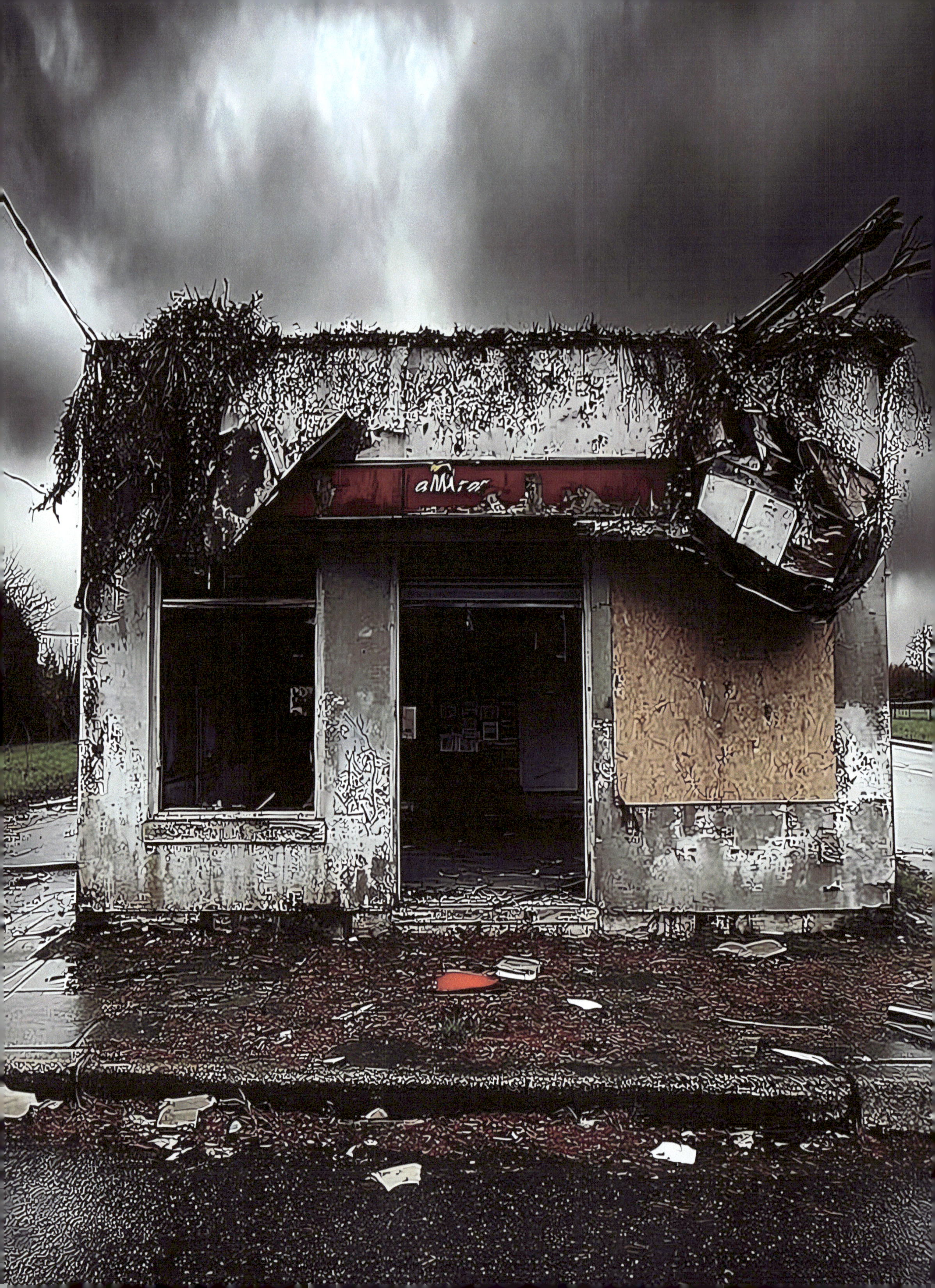

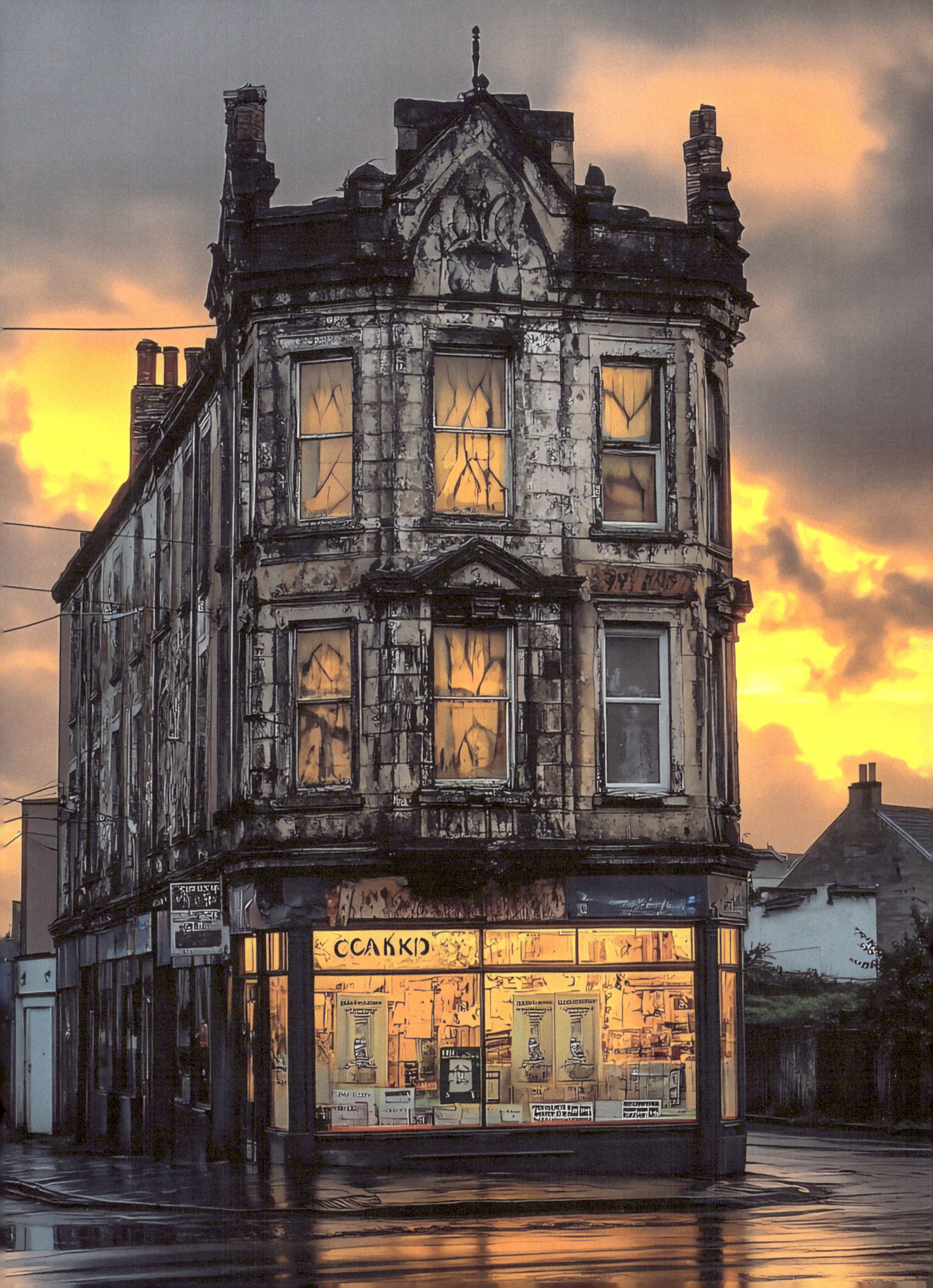
CCAKKD

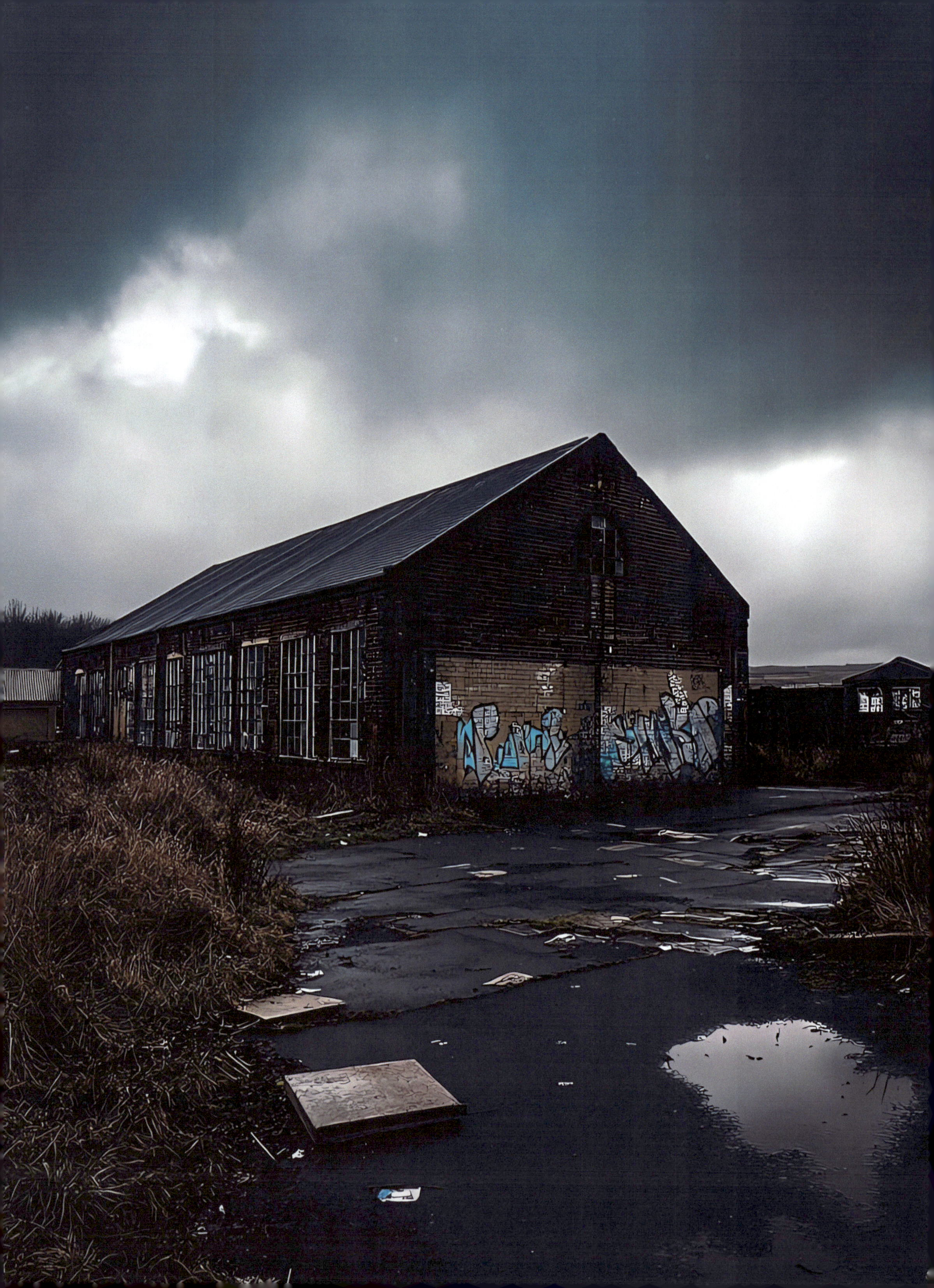

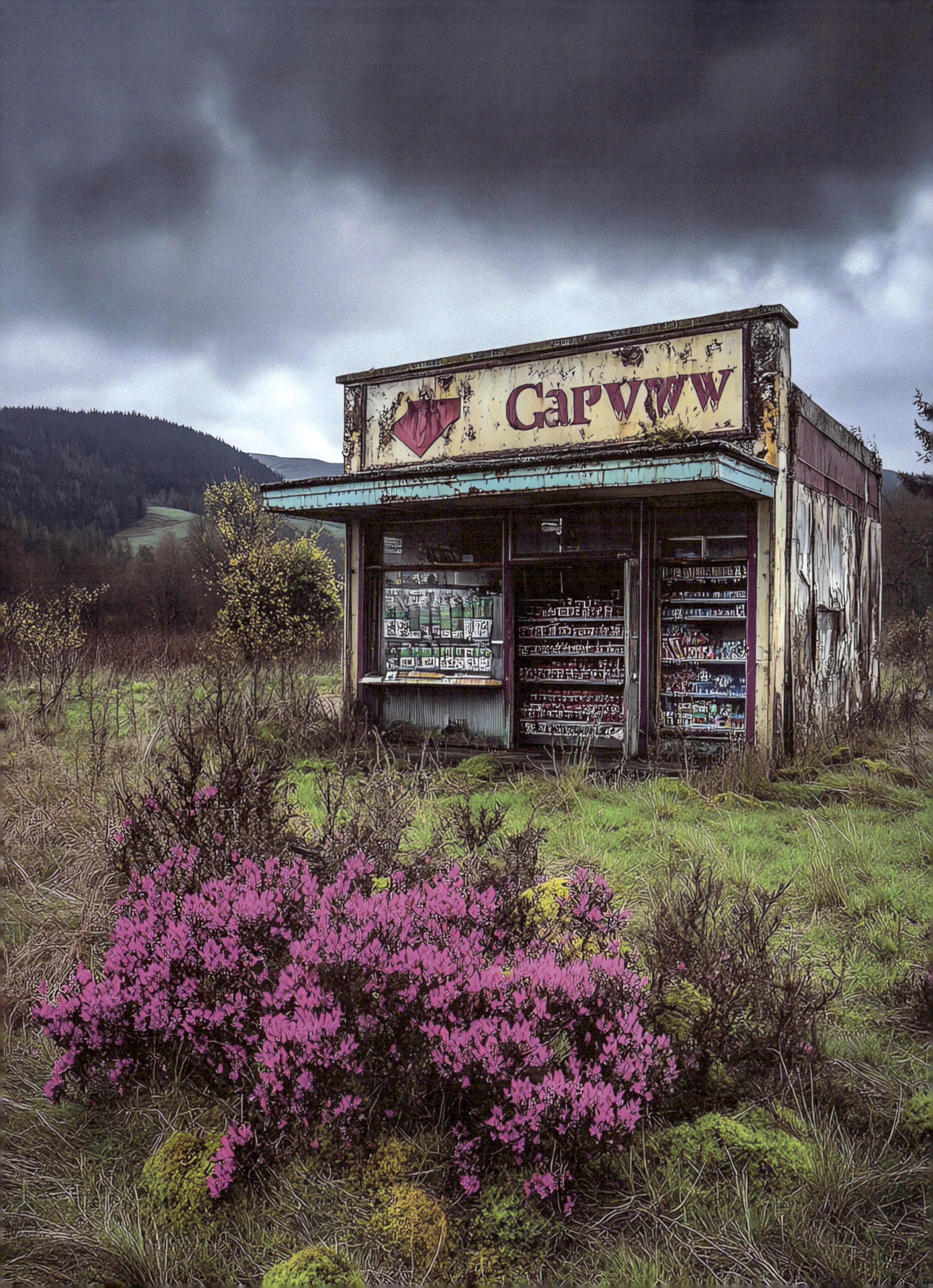

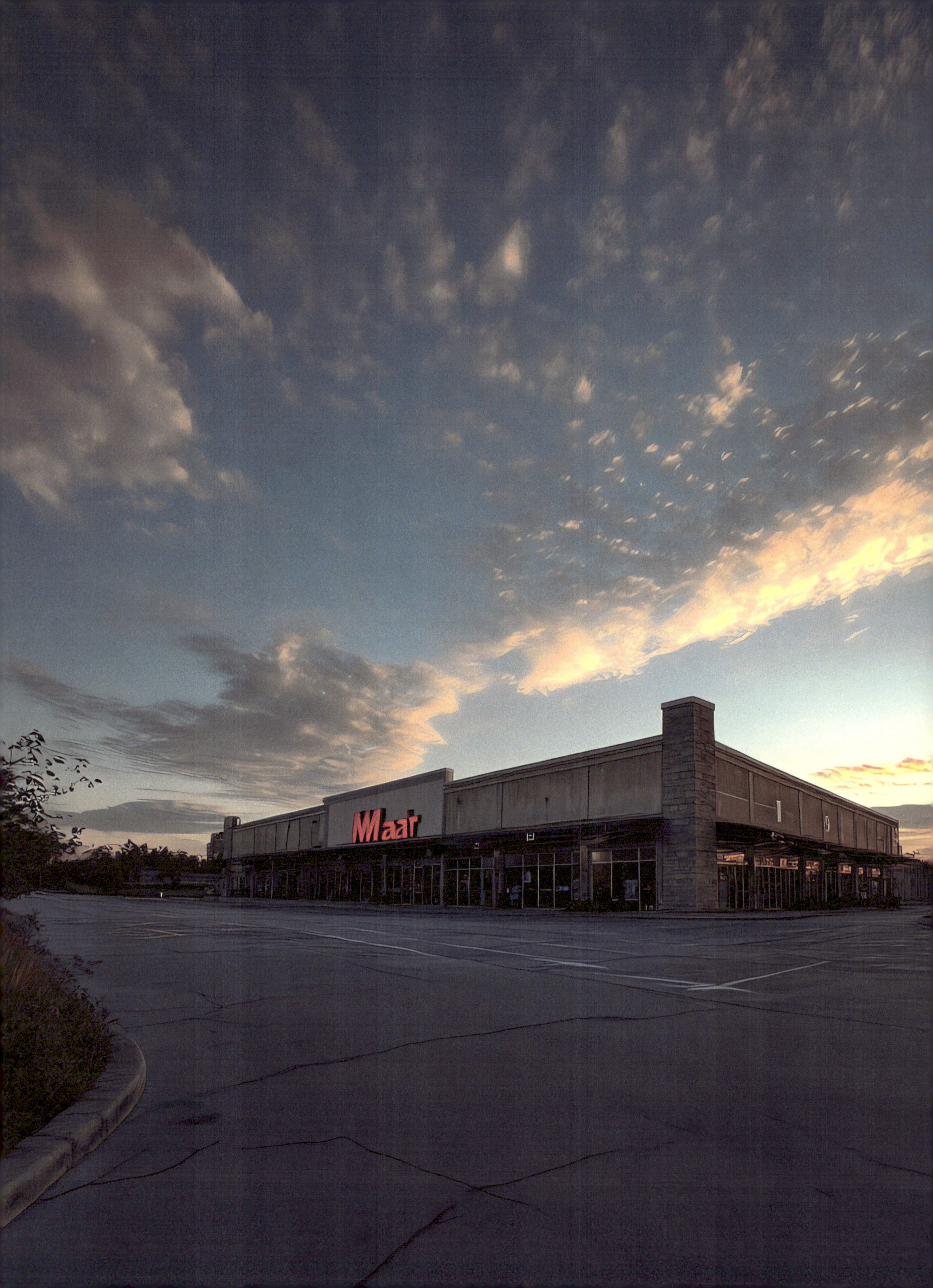
Maar

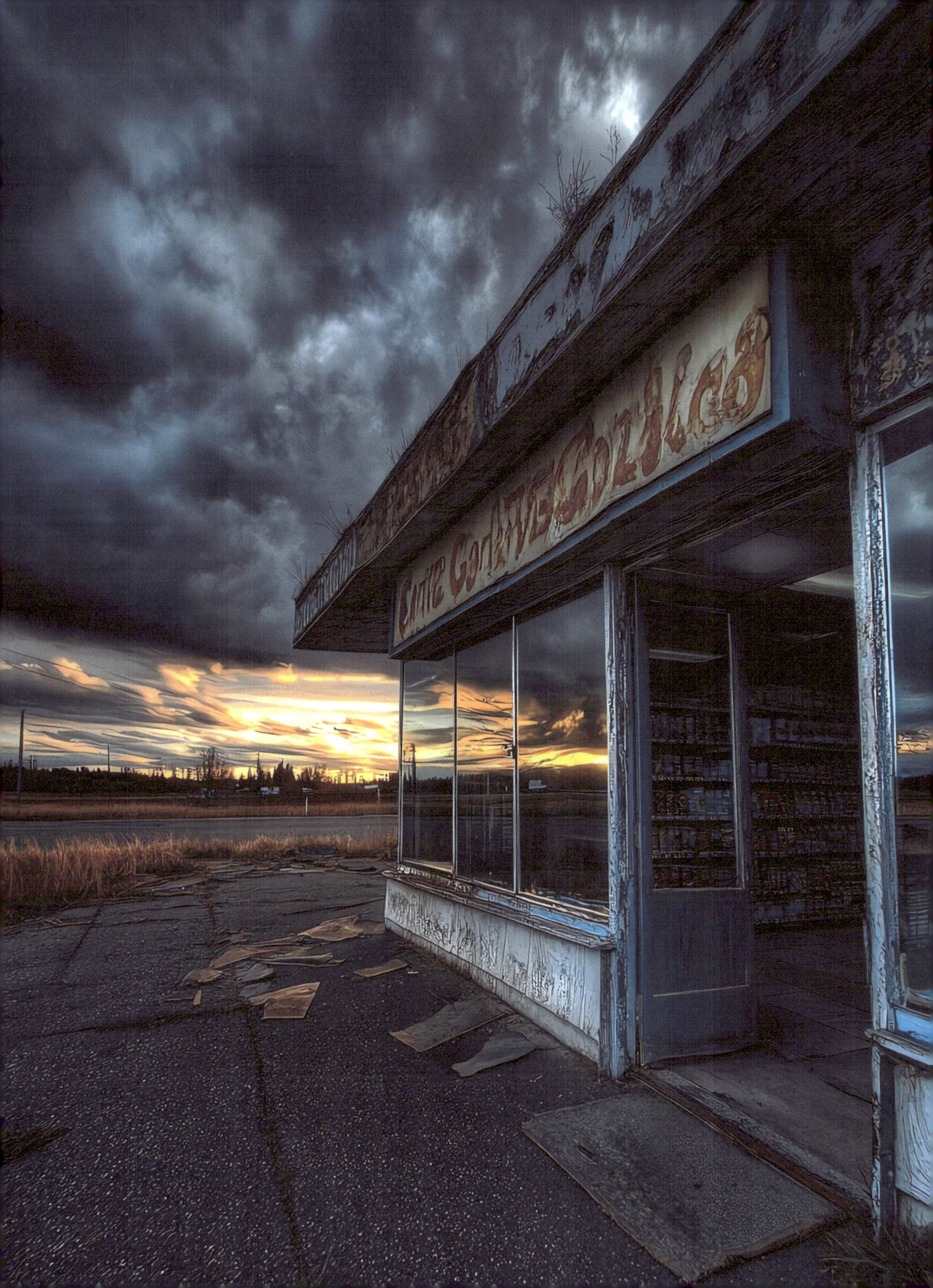

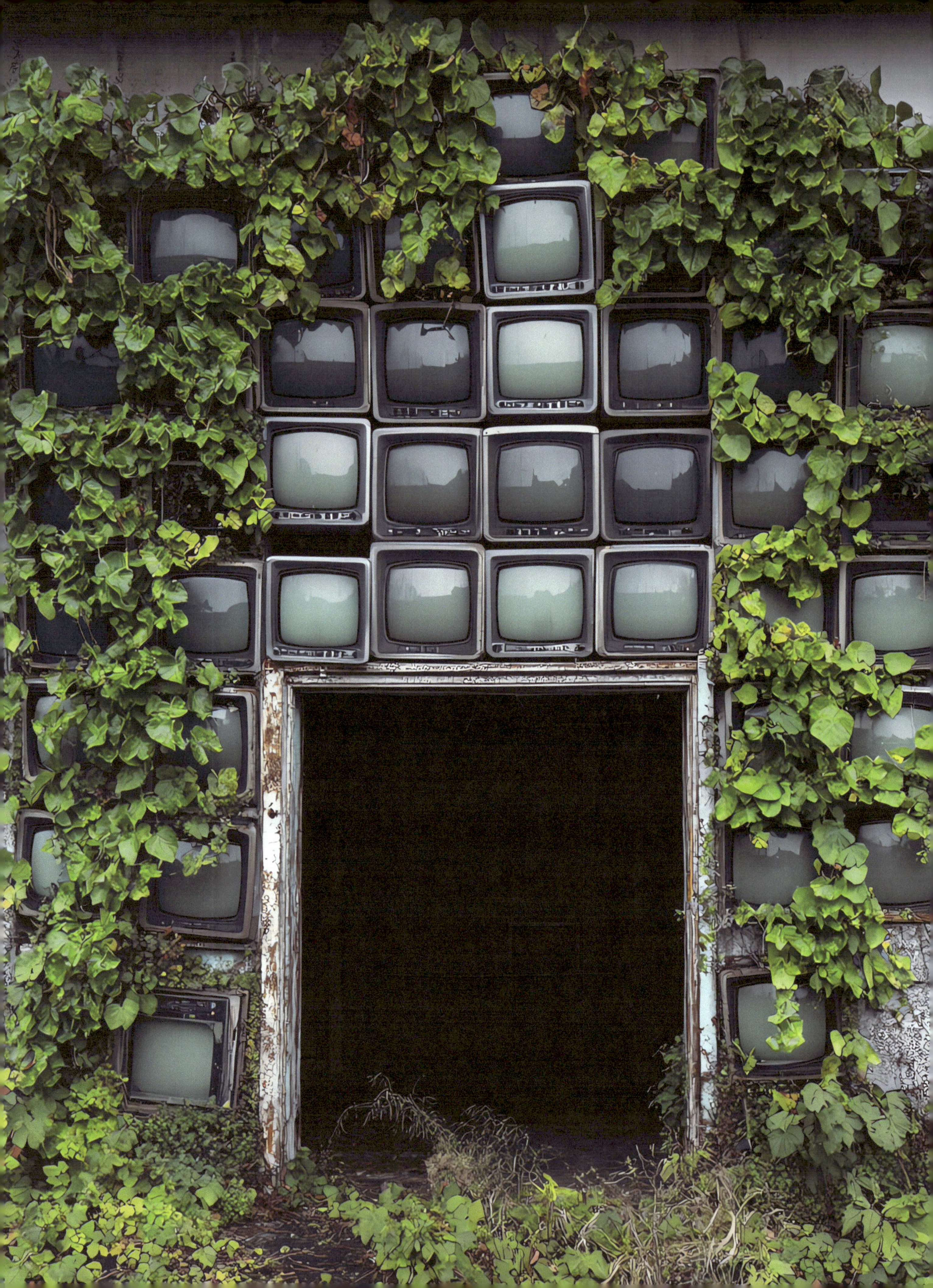

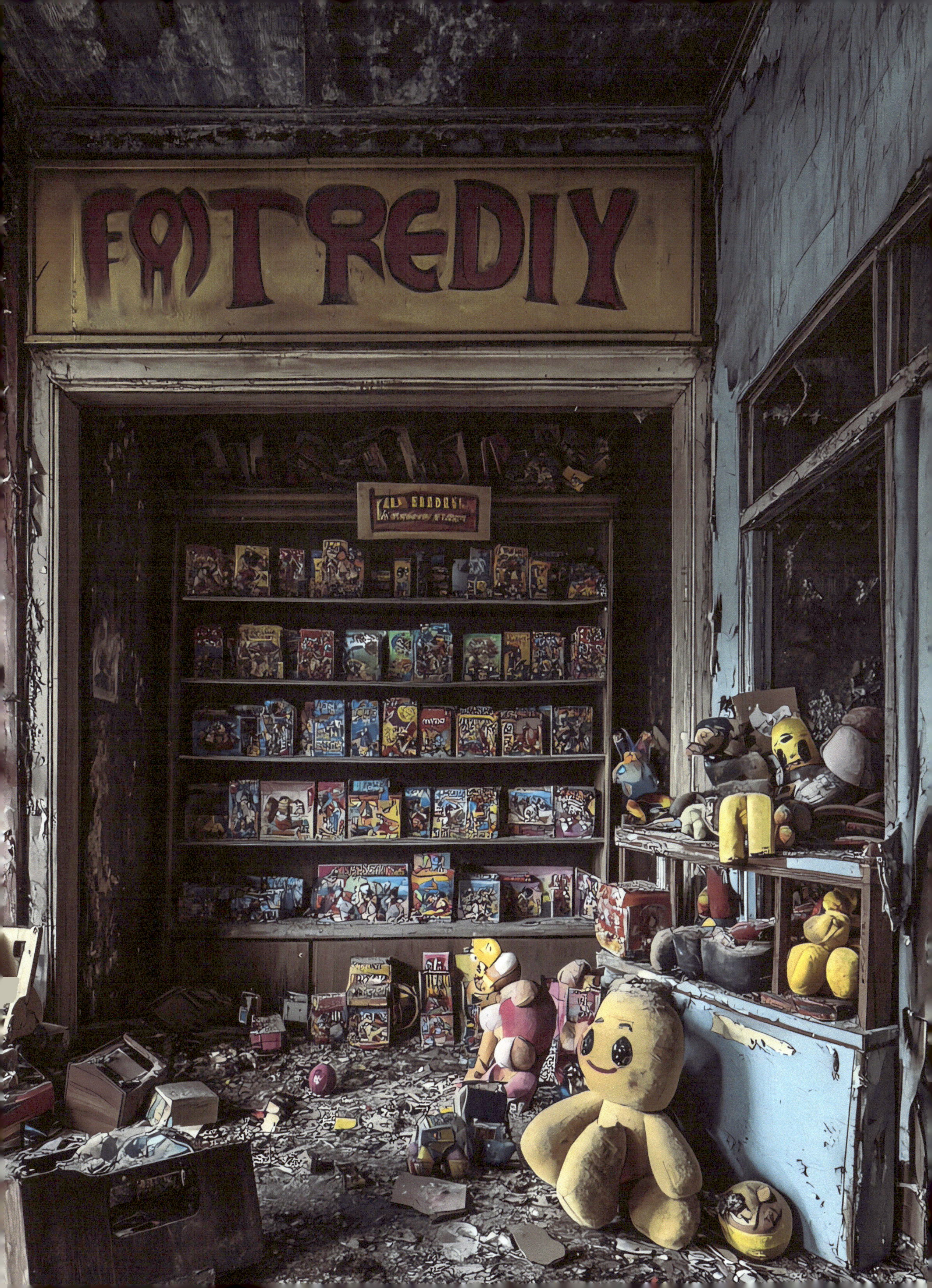

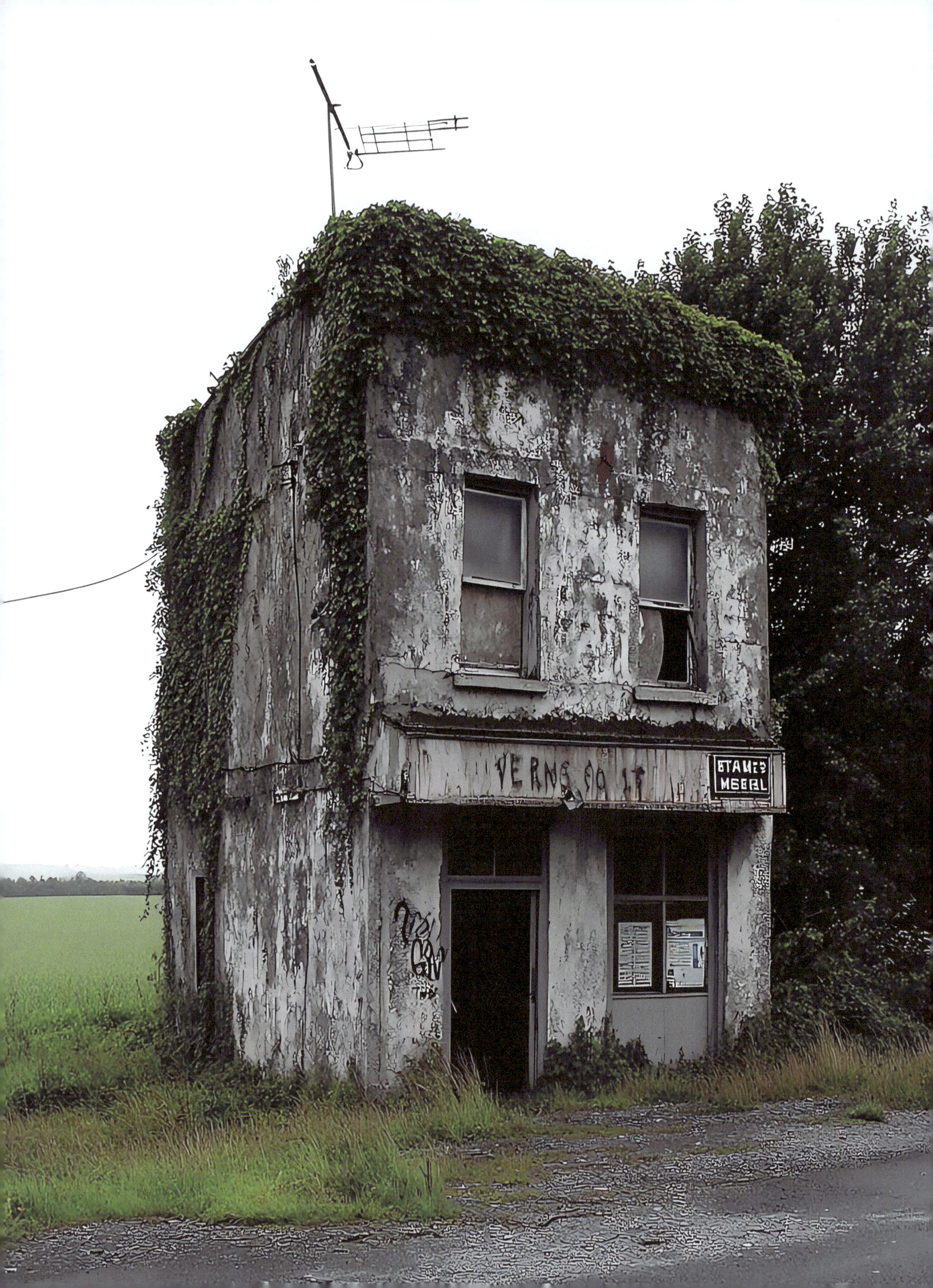

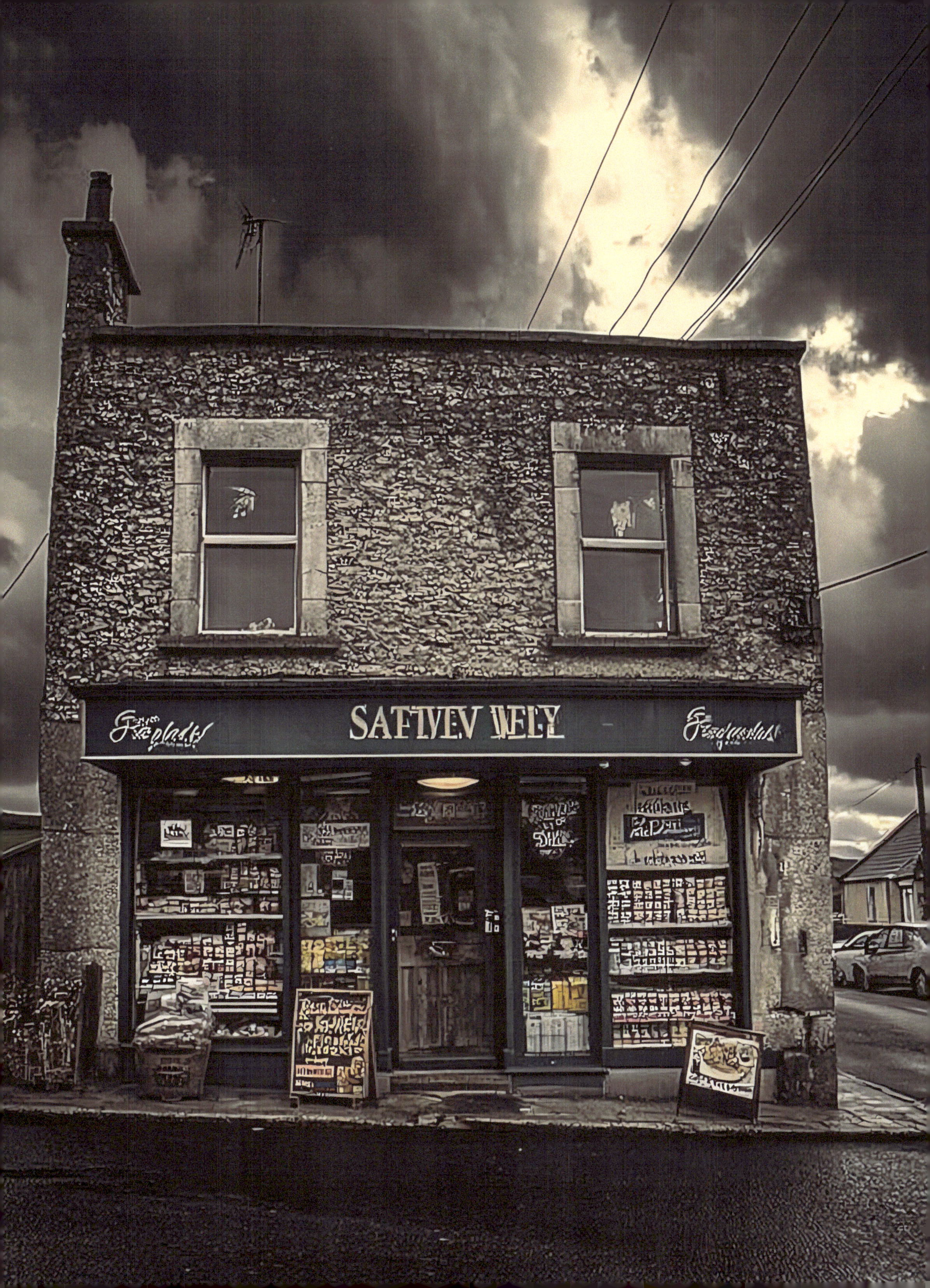

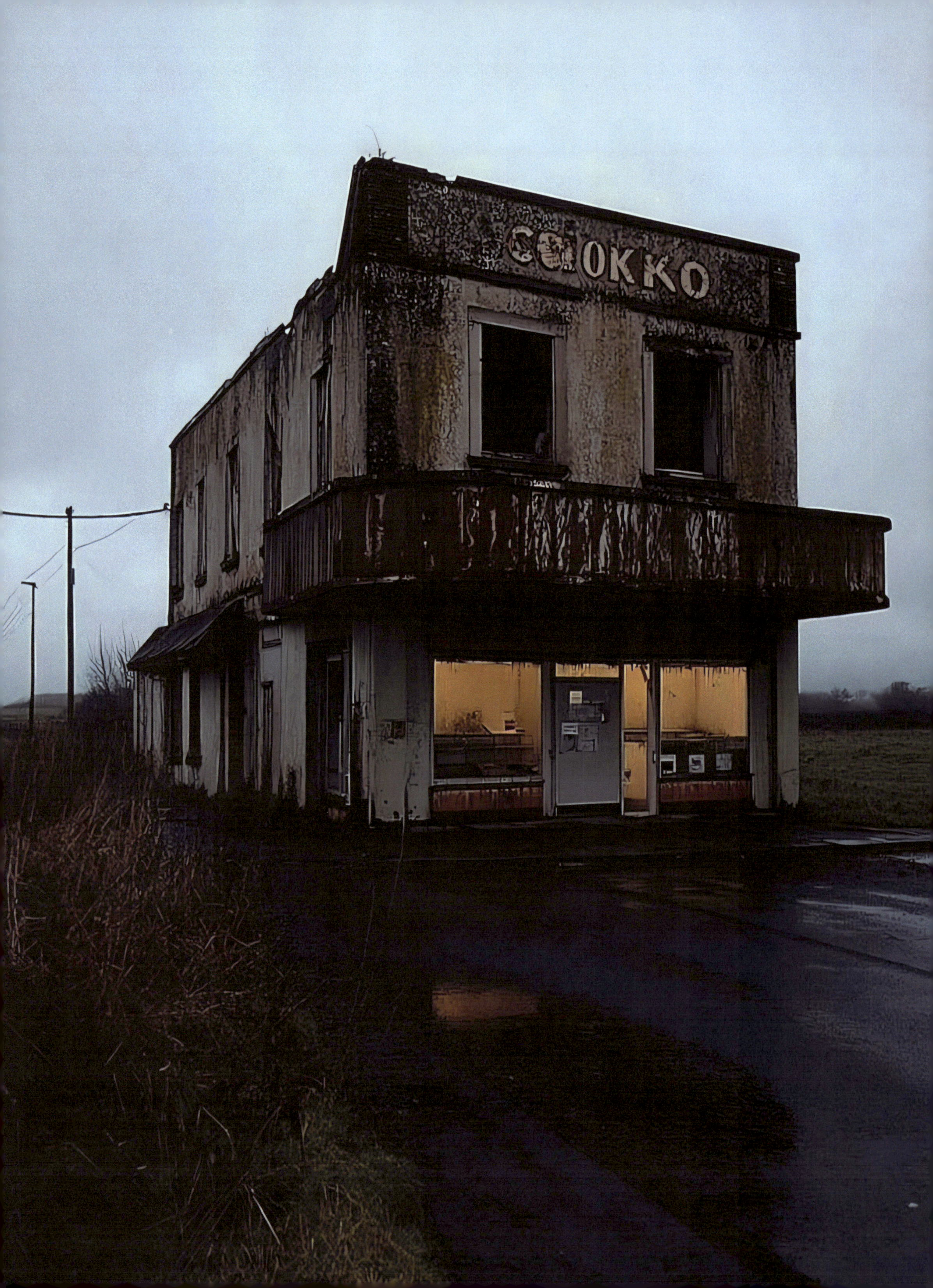

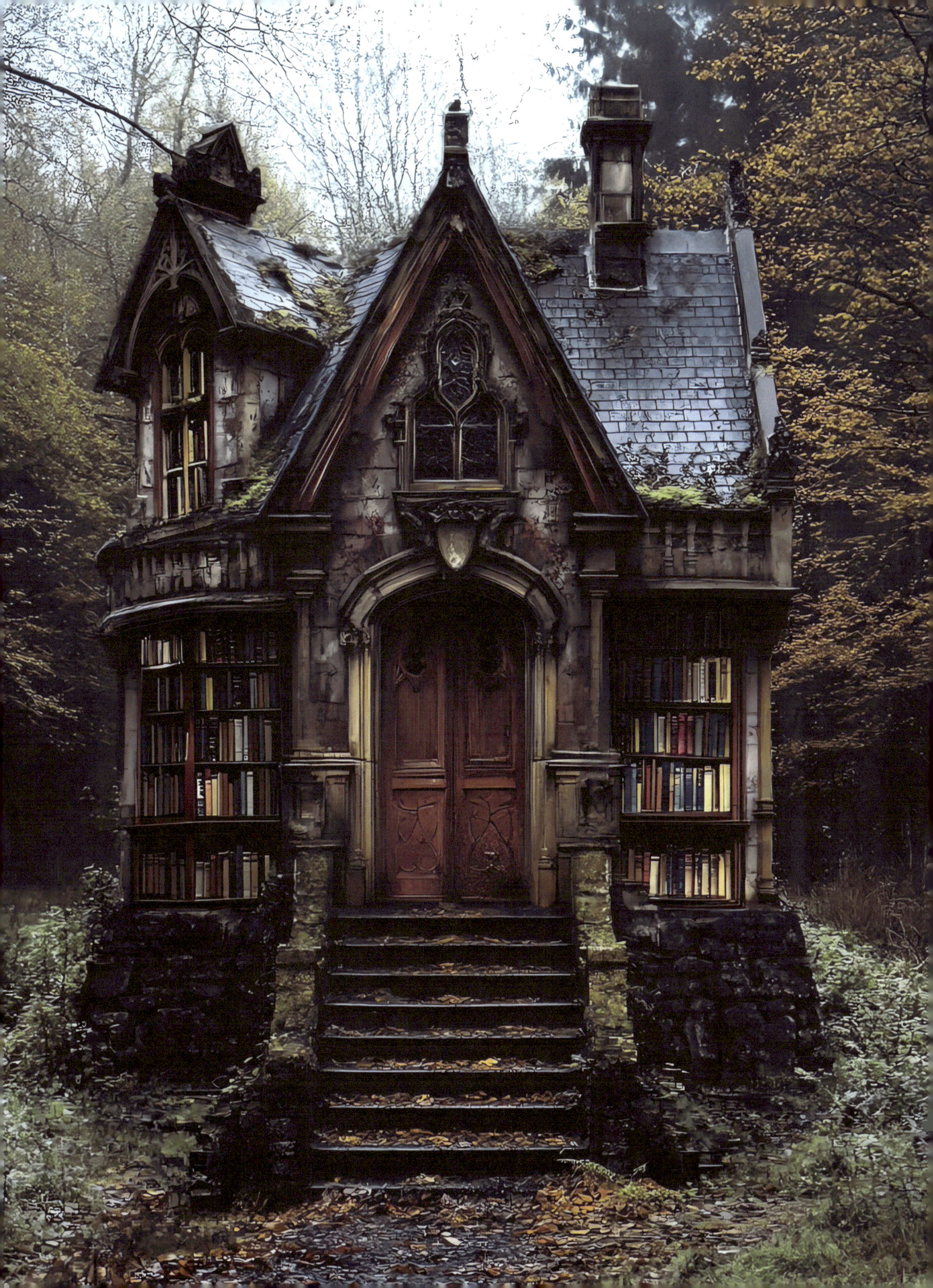

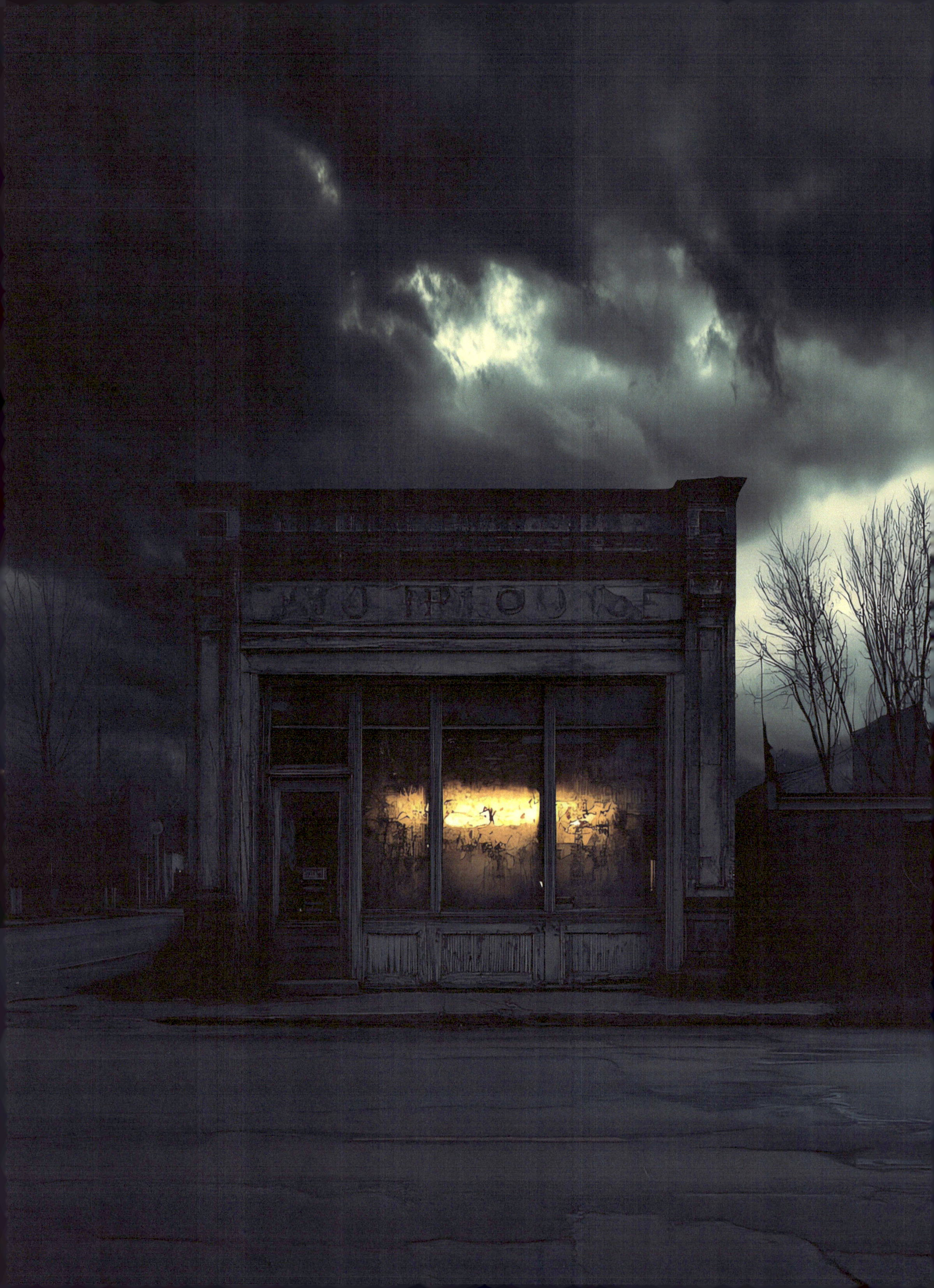

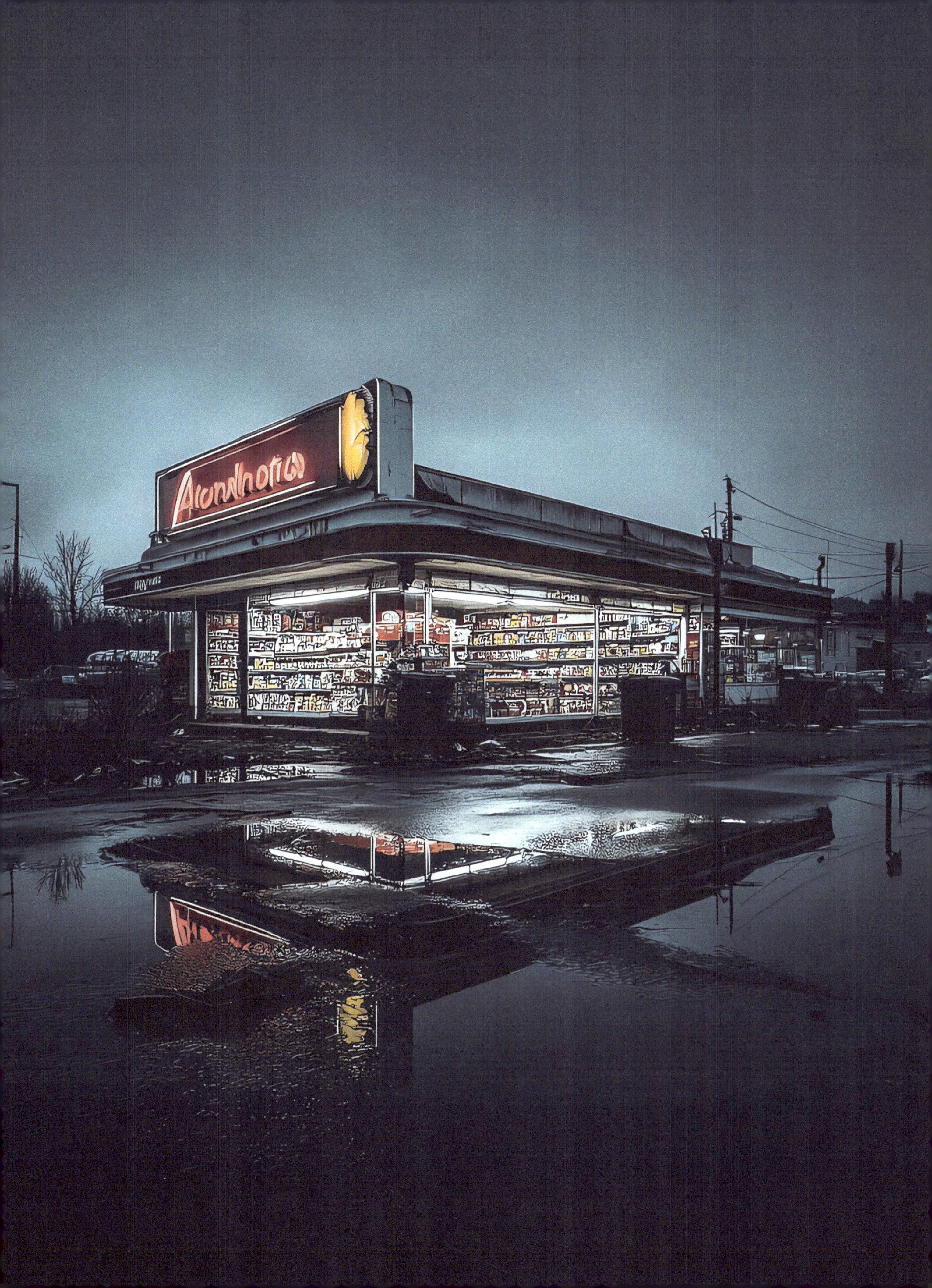

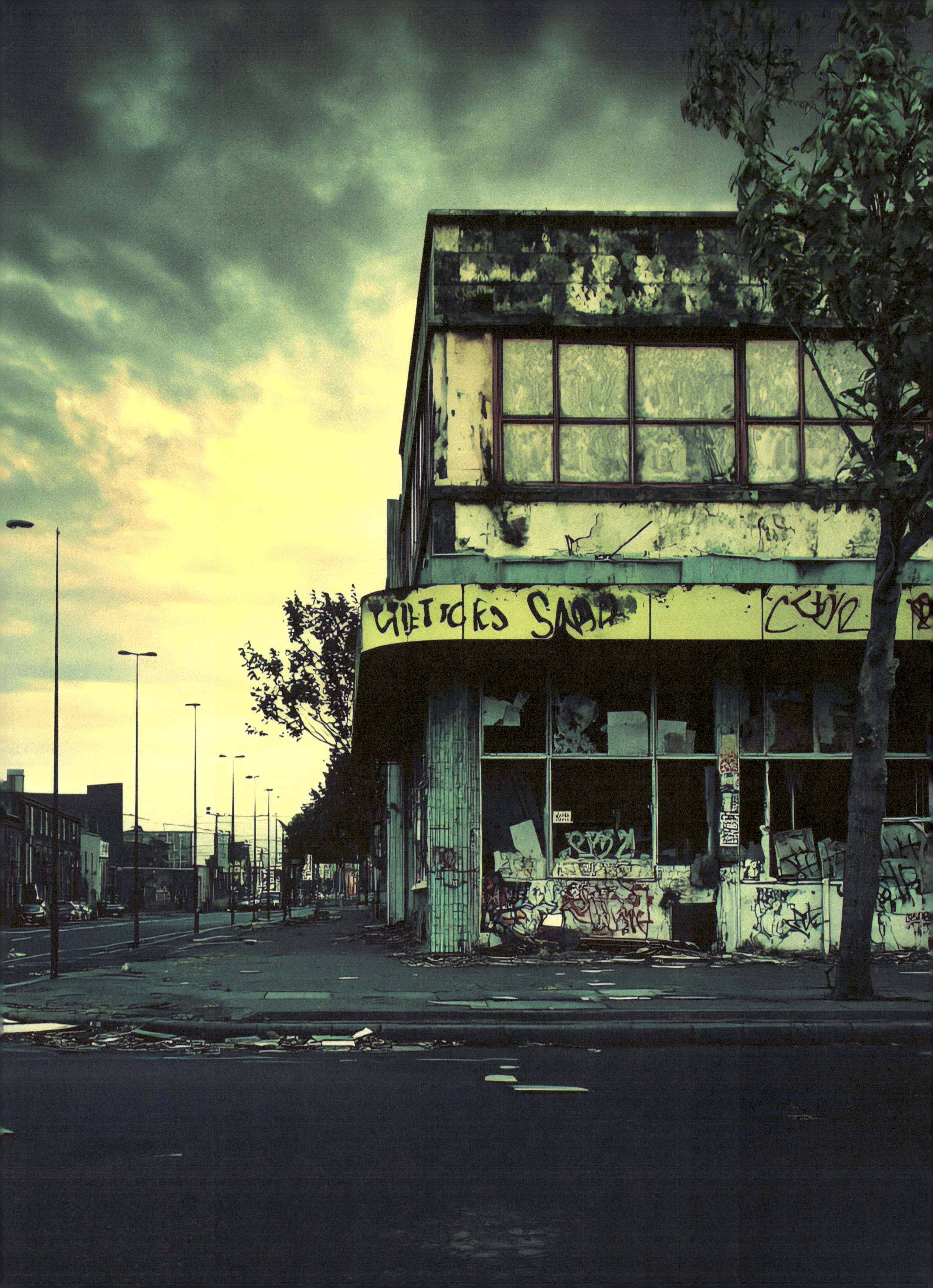

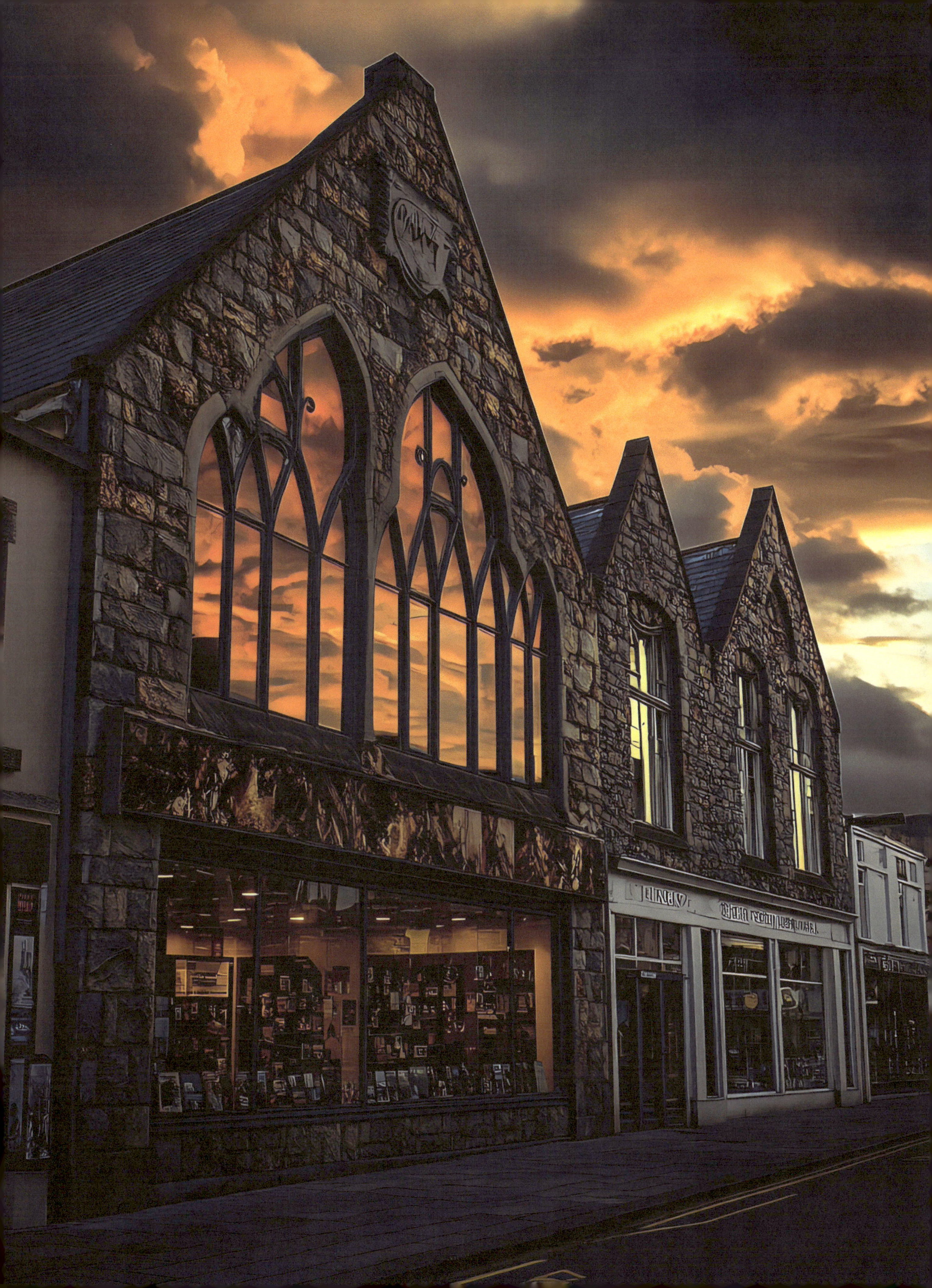

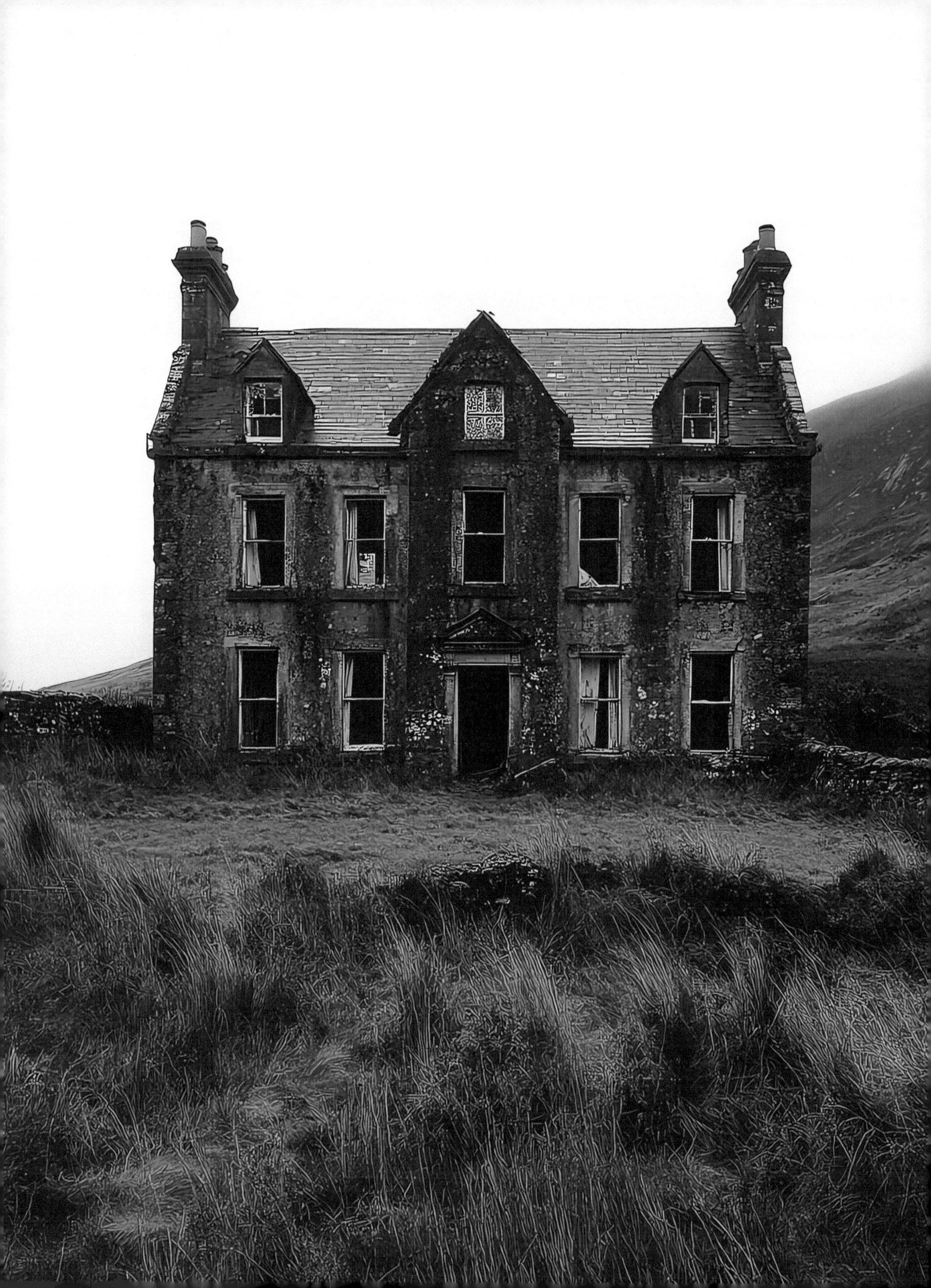

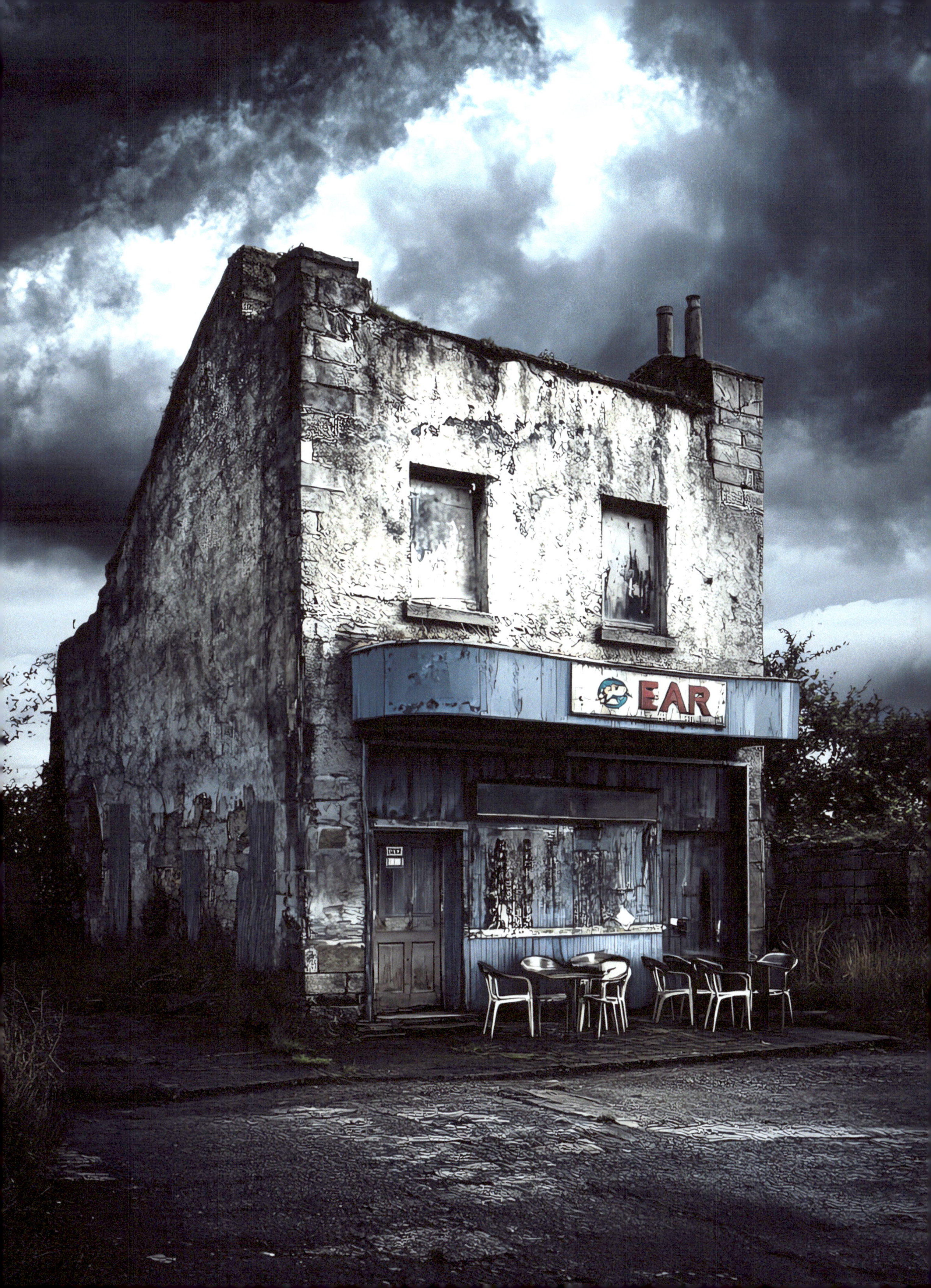
EAR

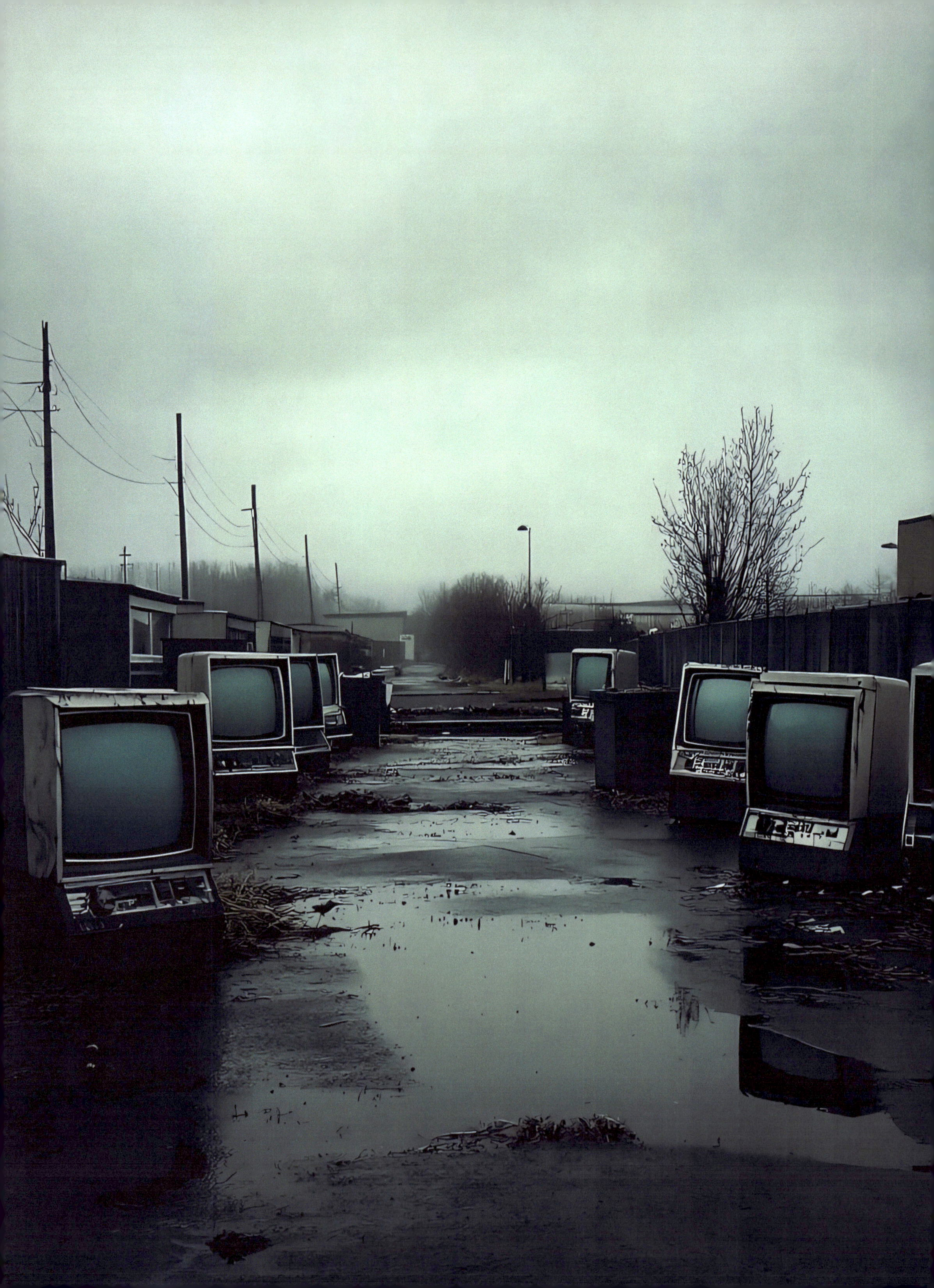

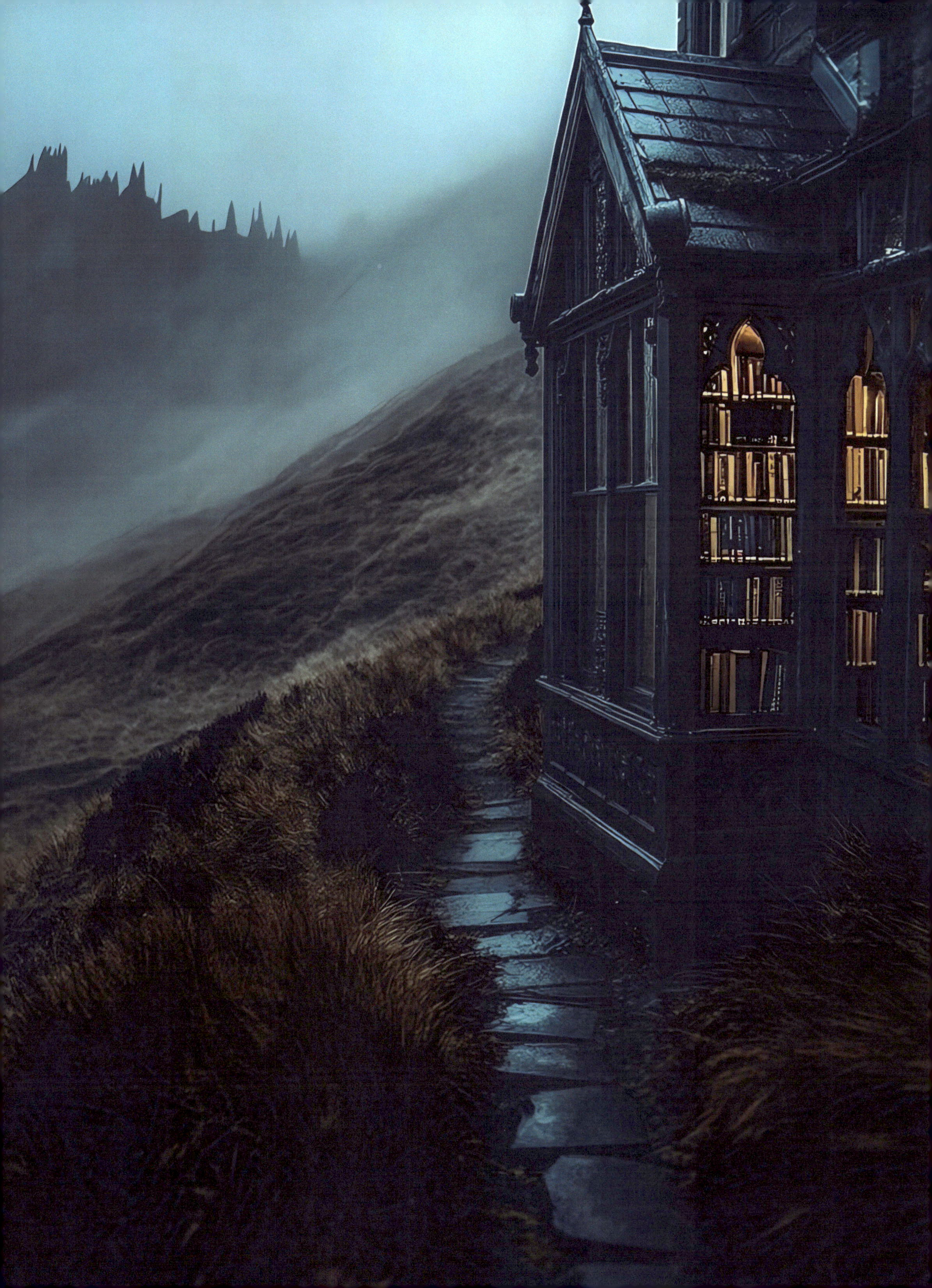

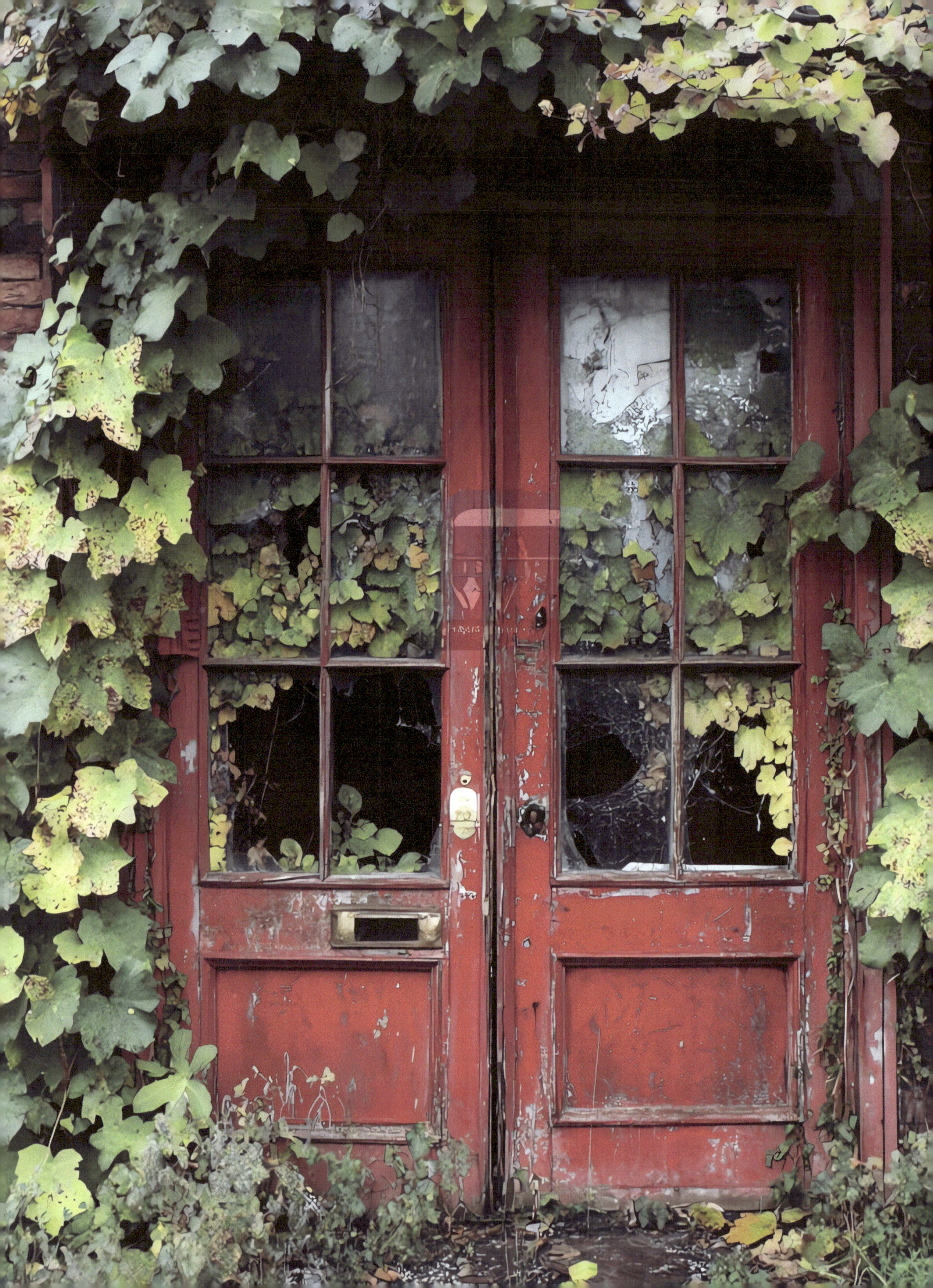

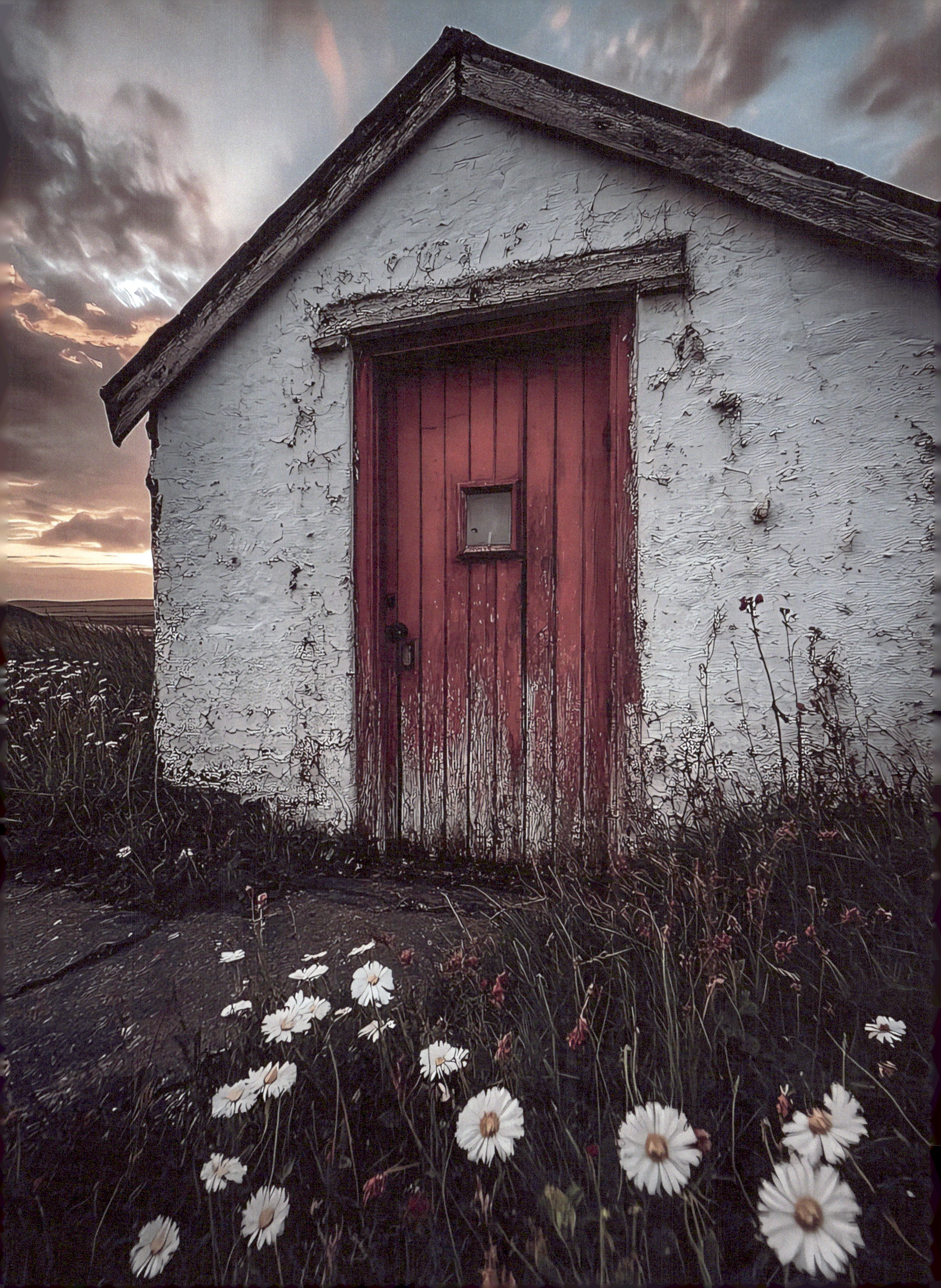

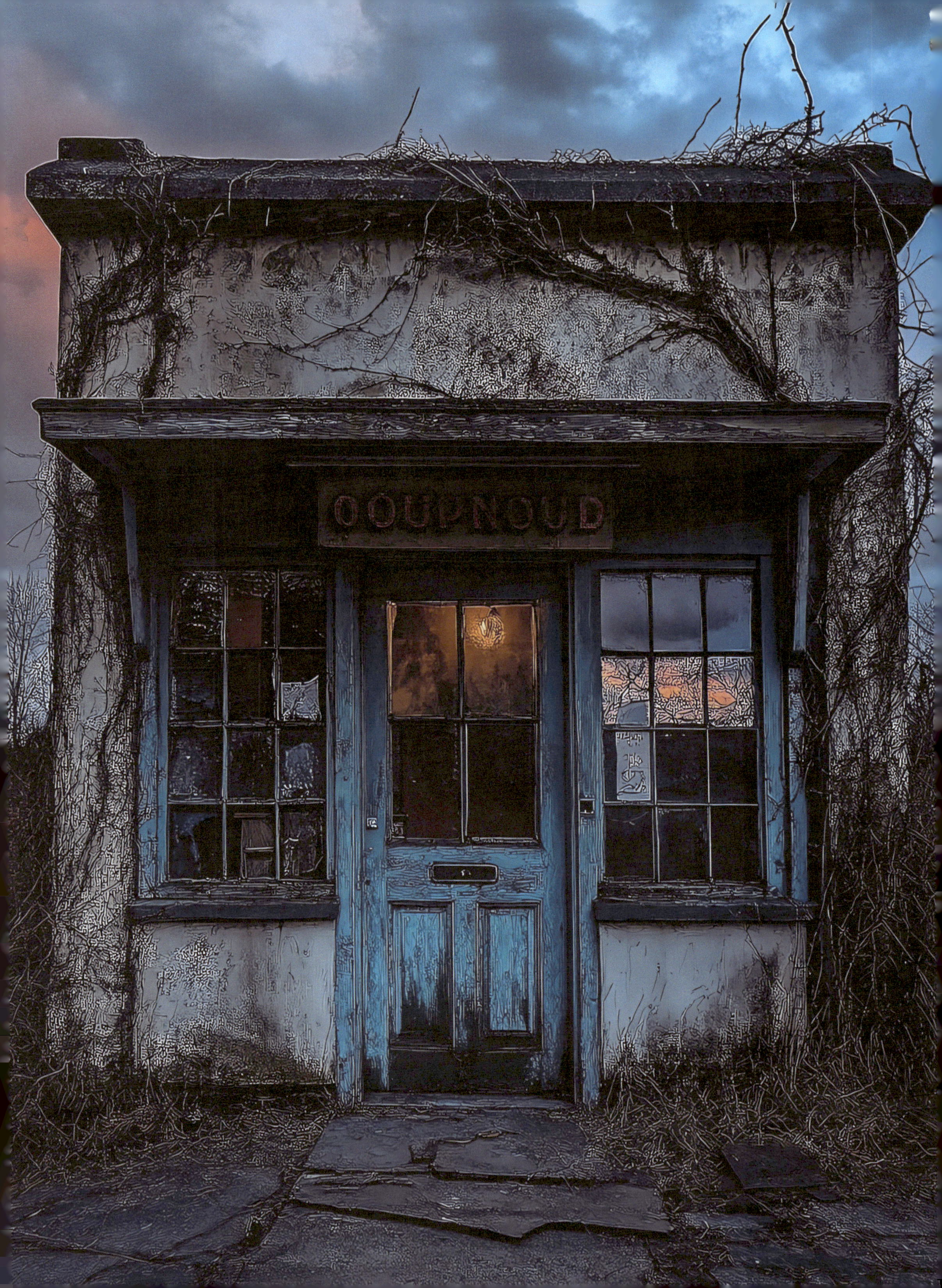
OOUPNOUD

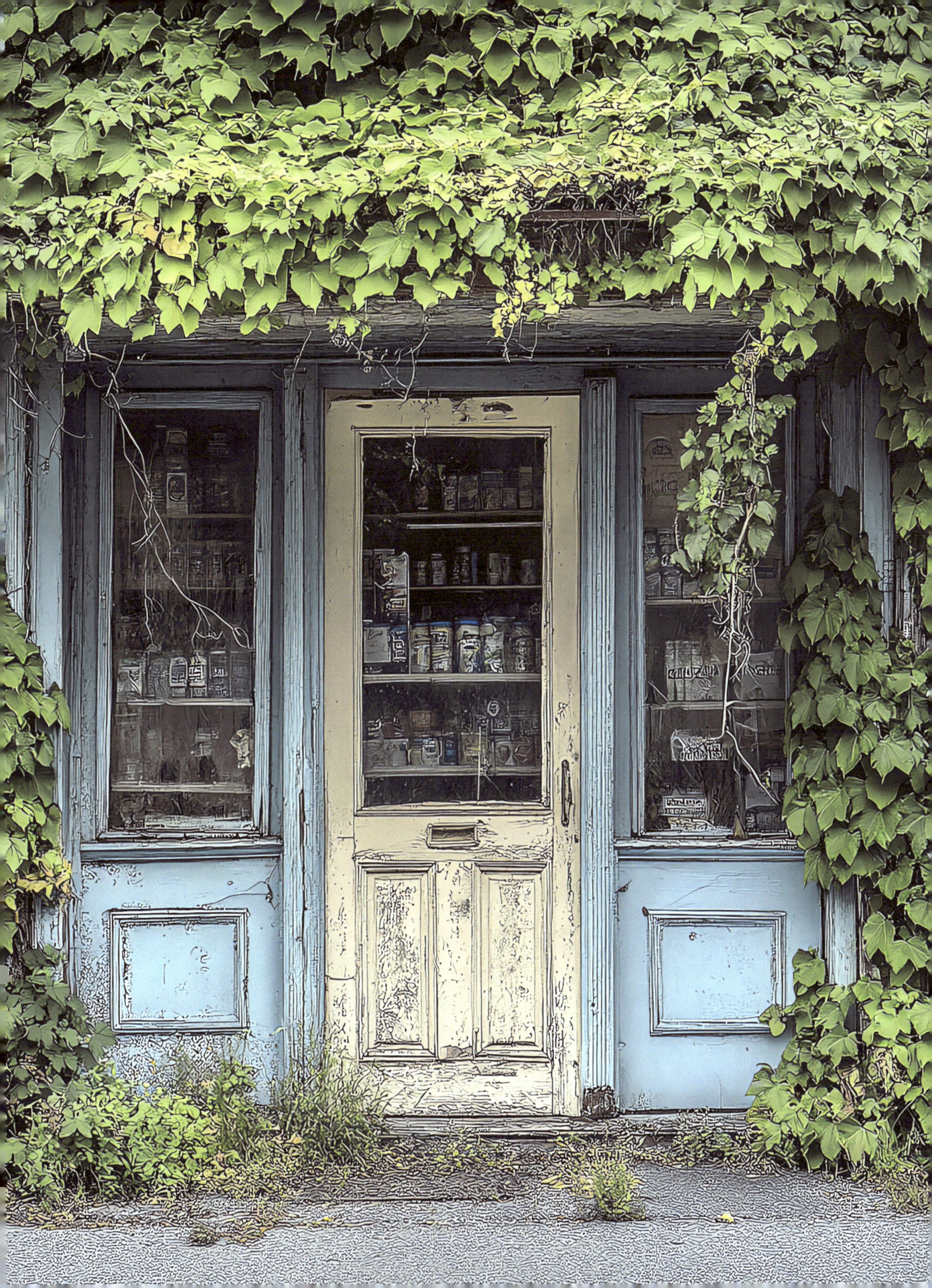

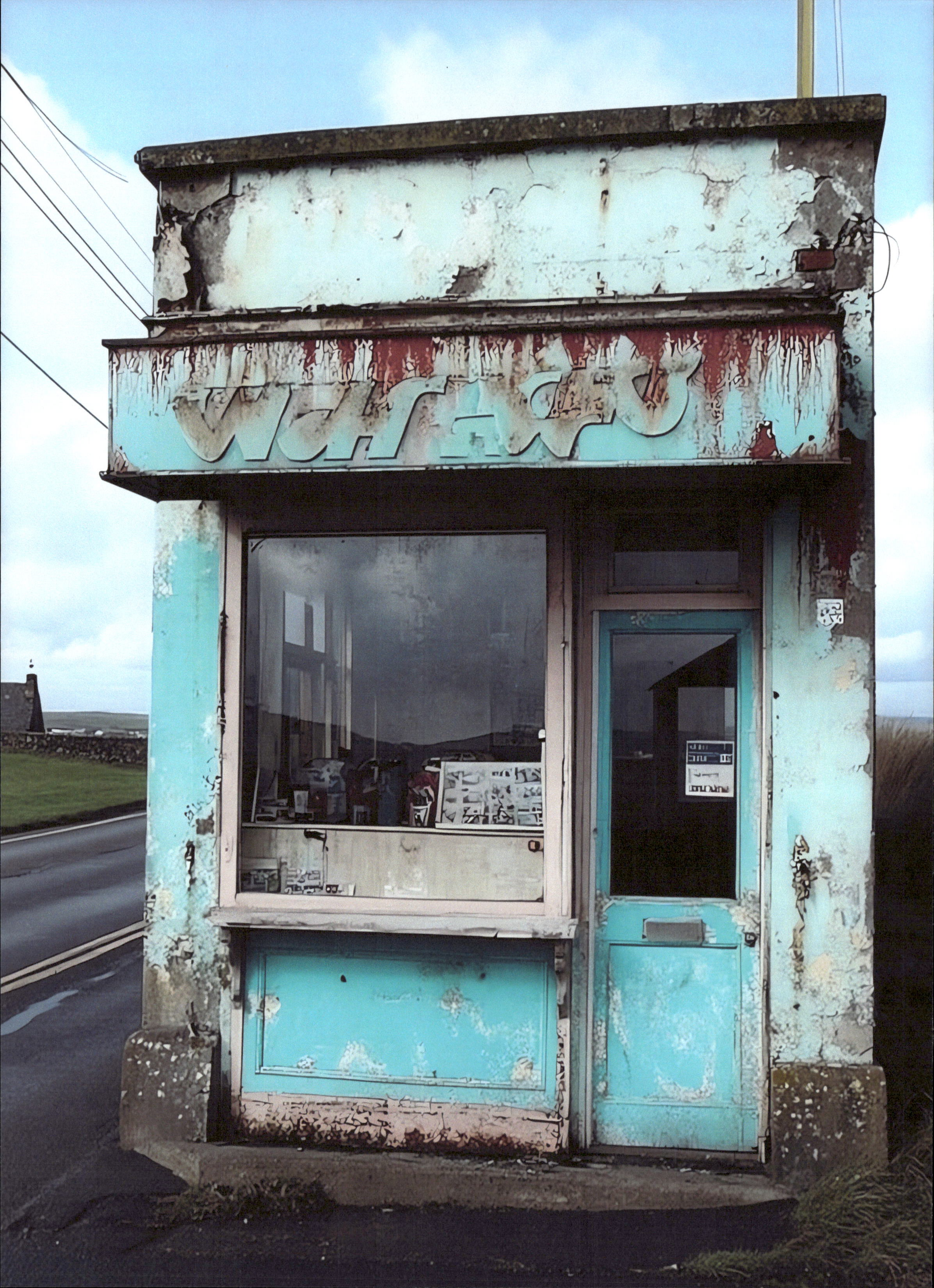

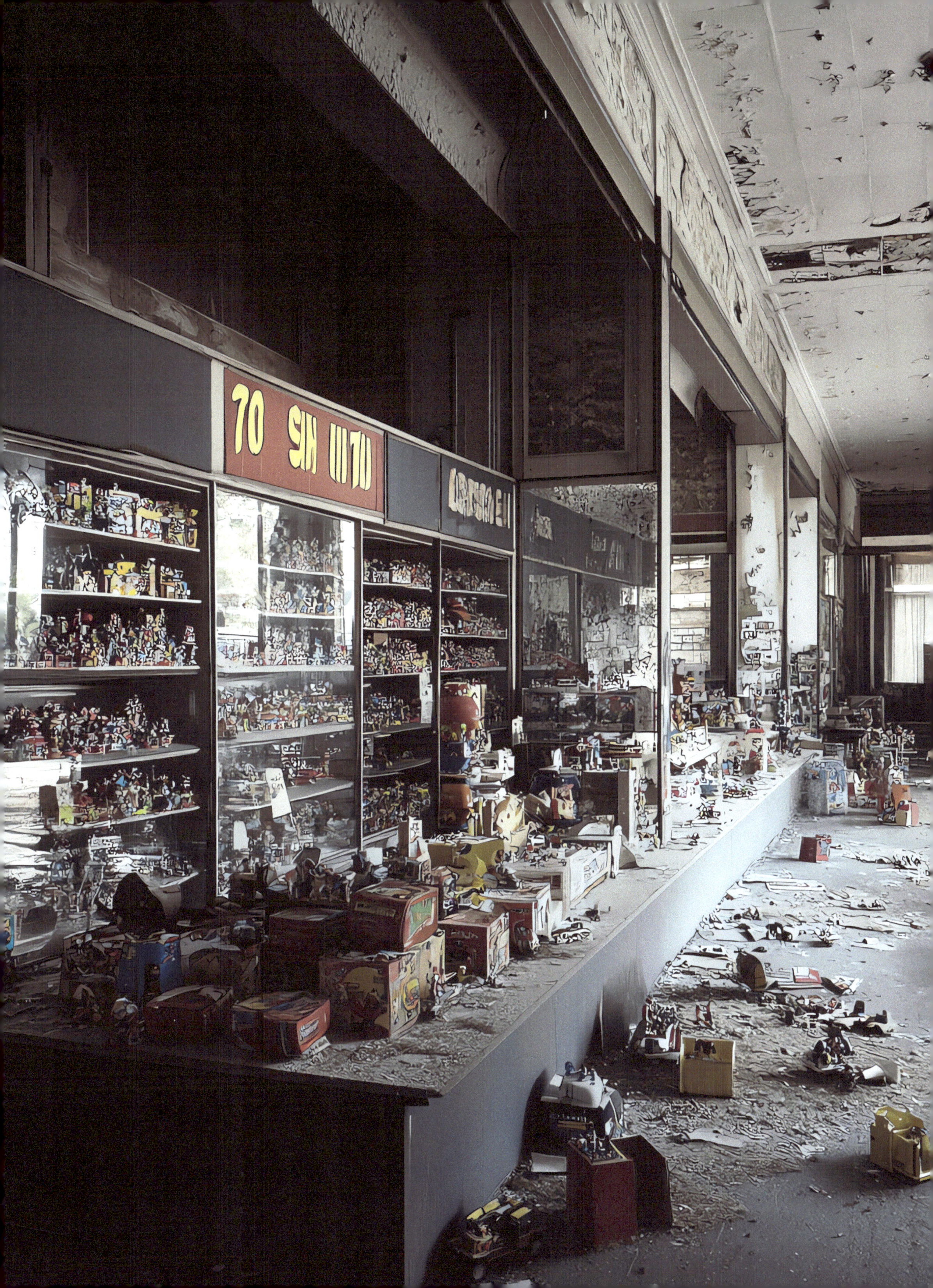
70

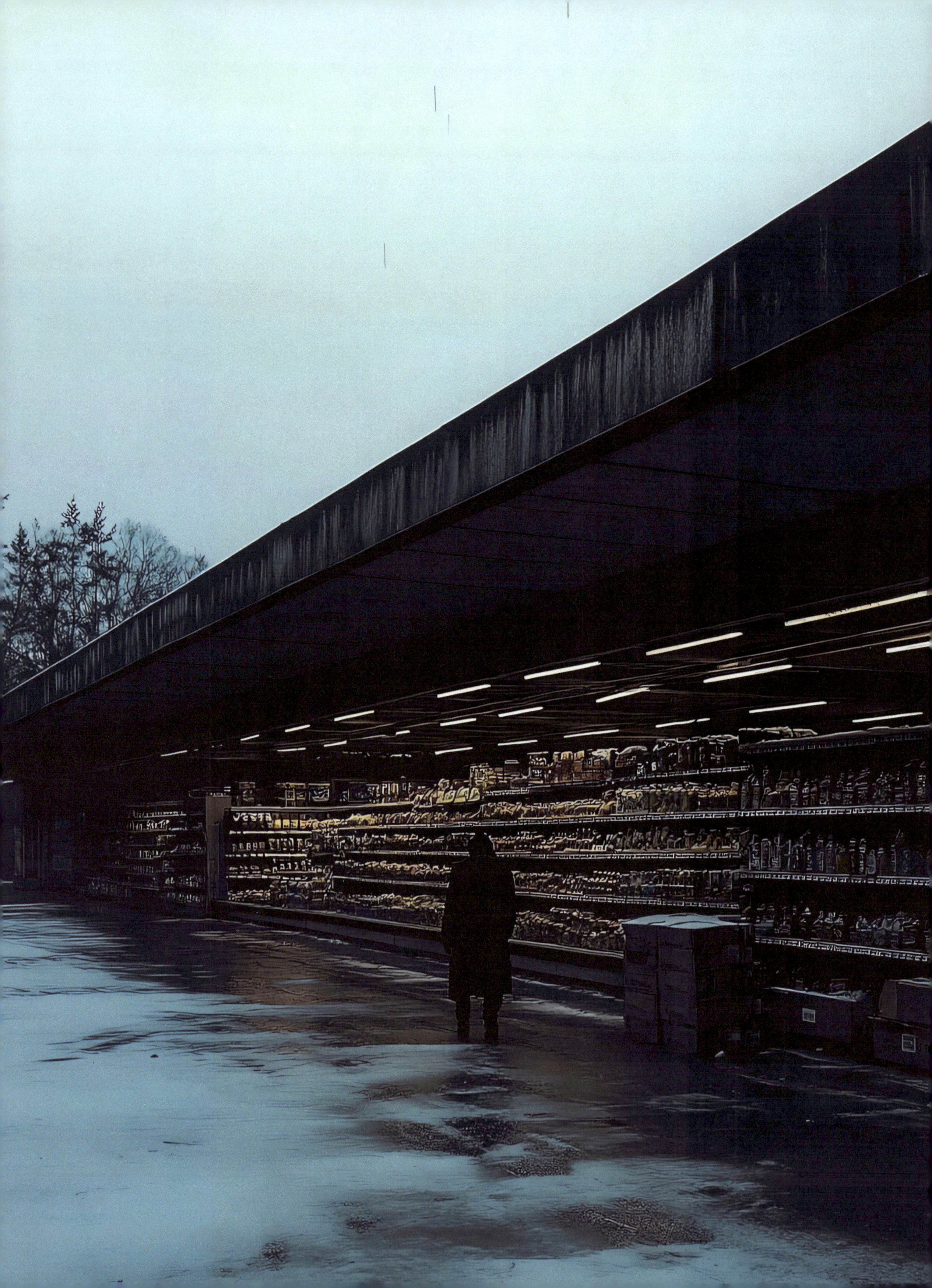

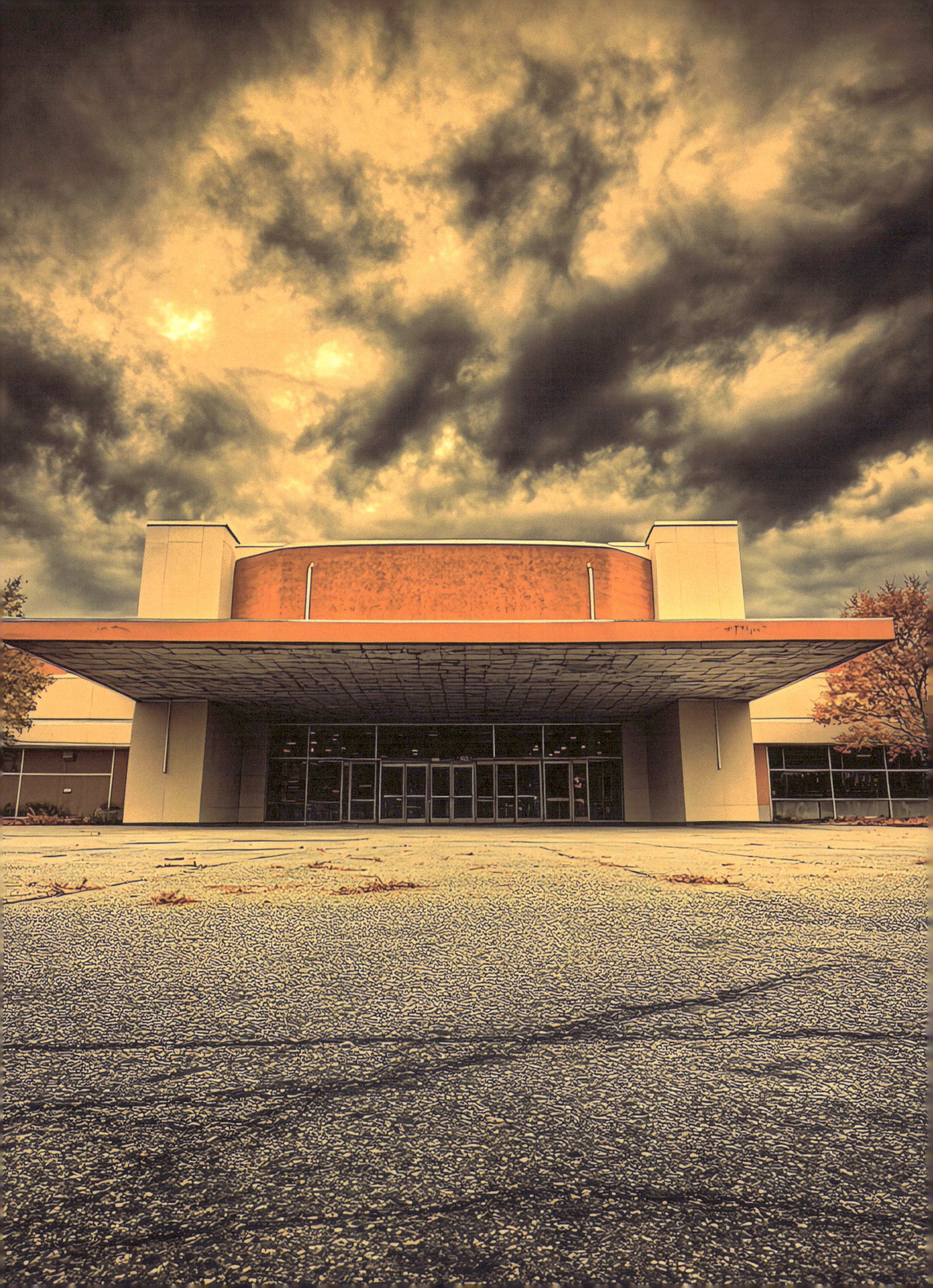

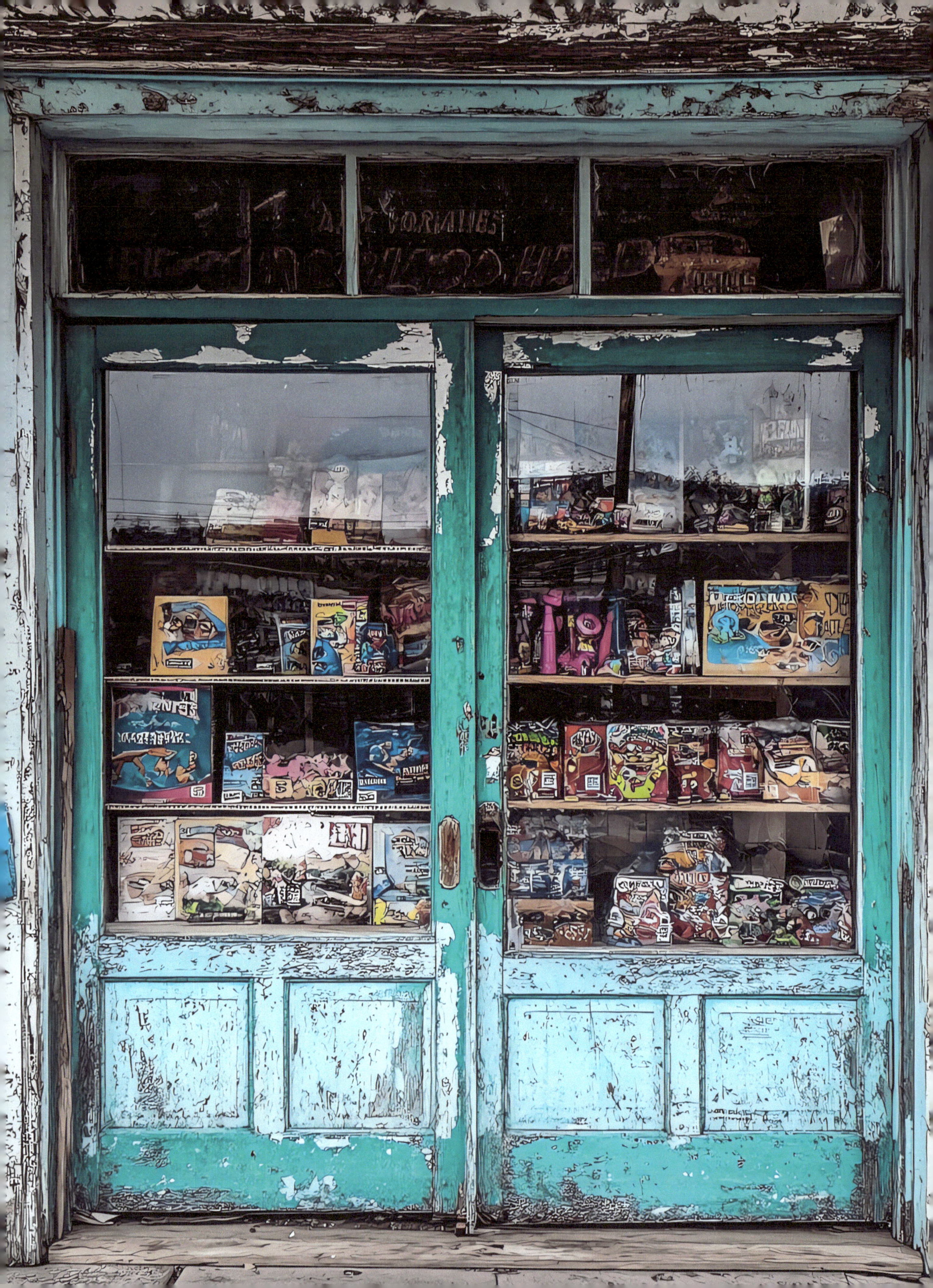

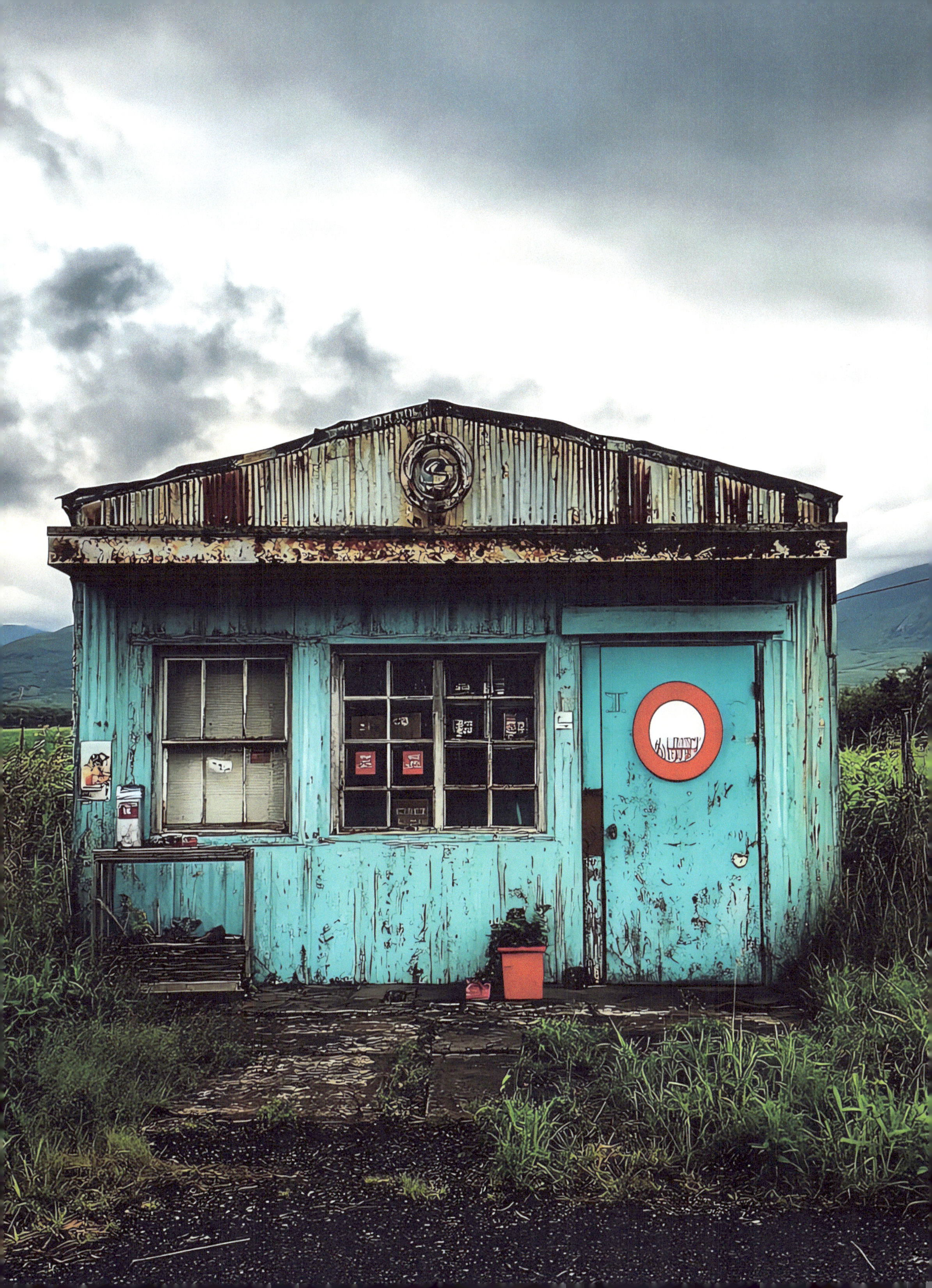

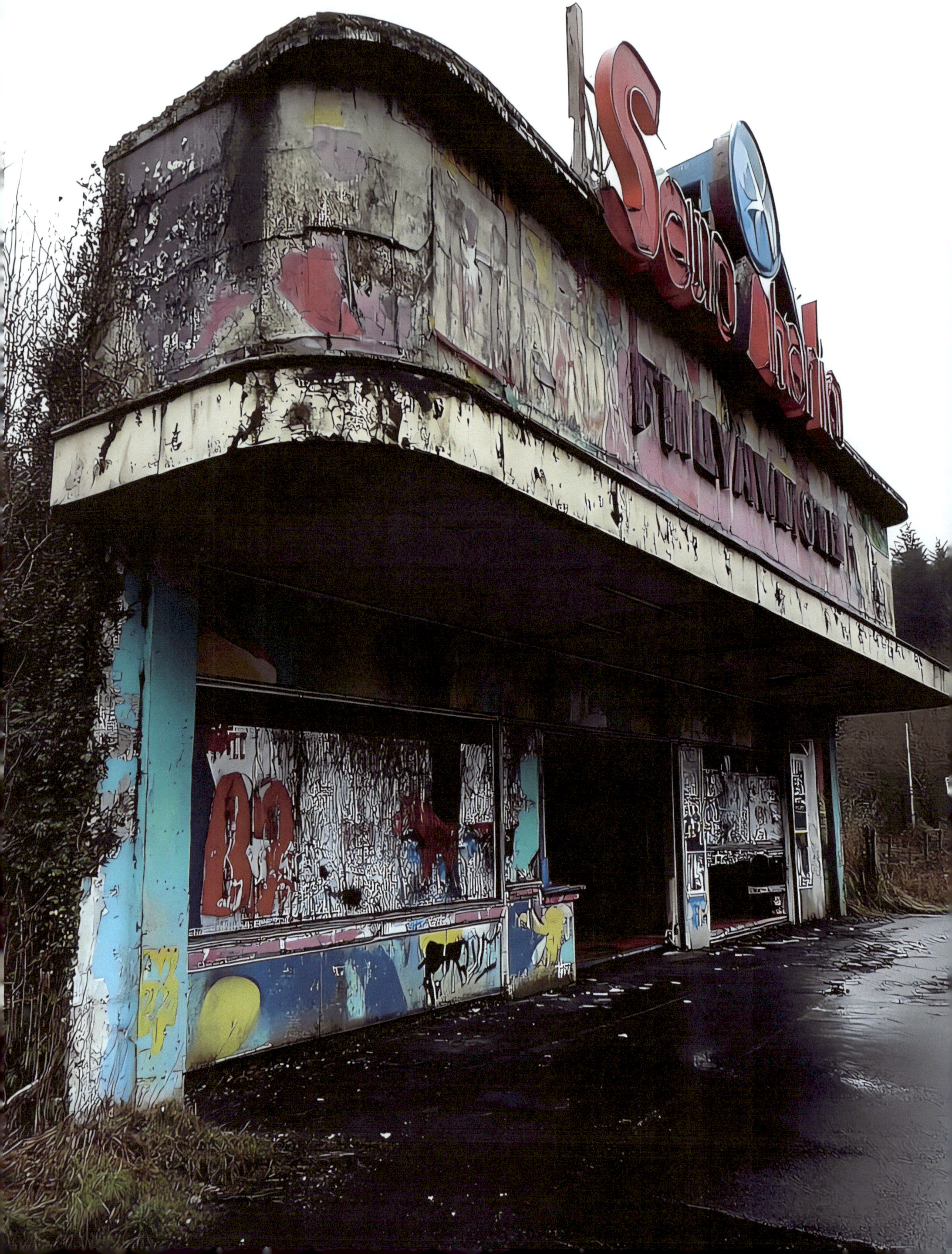

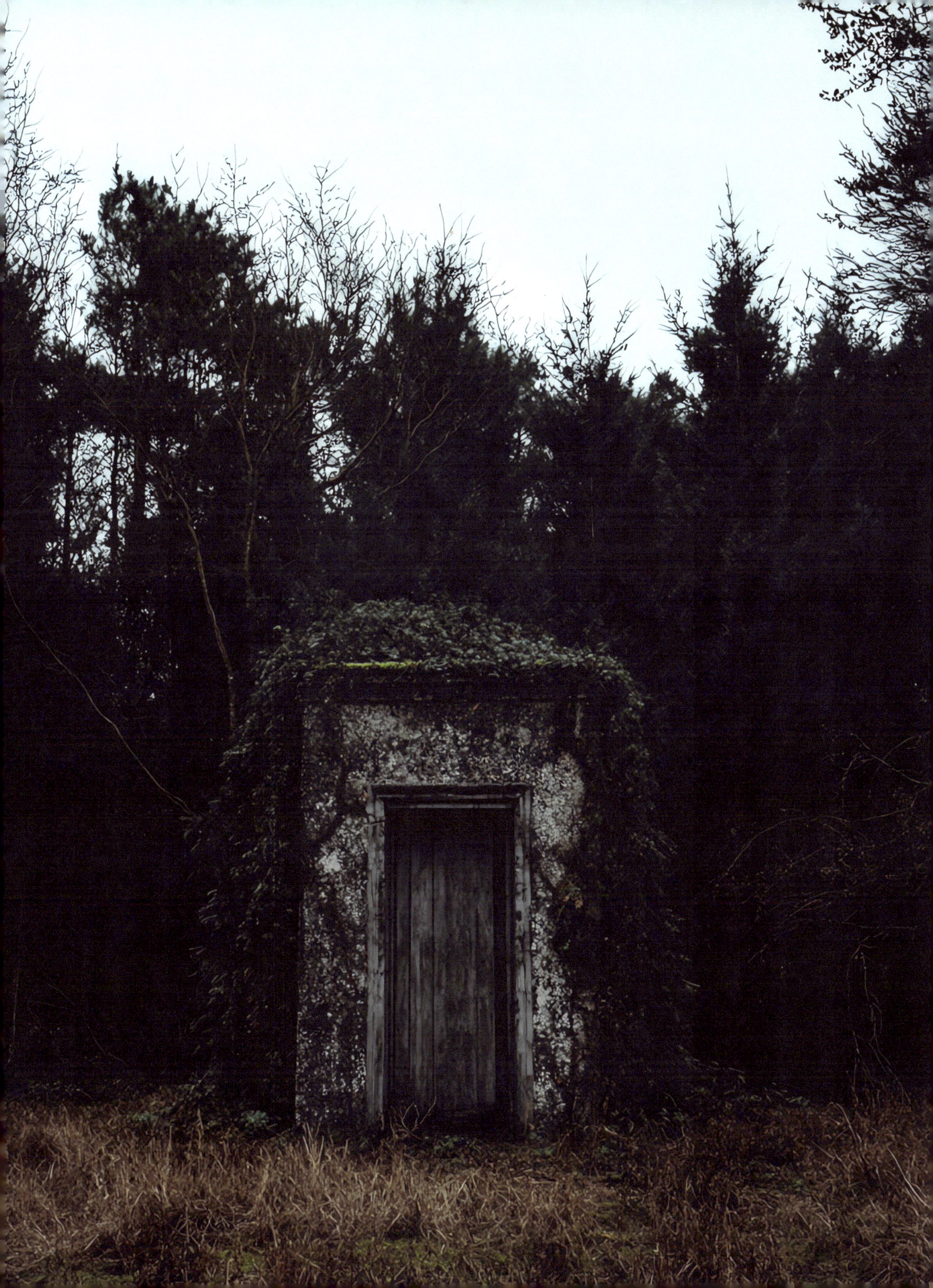

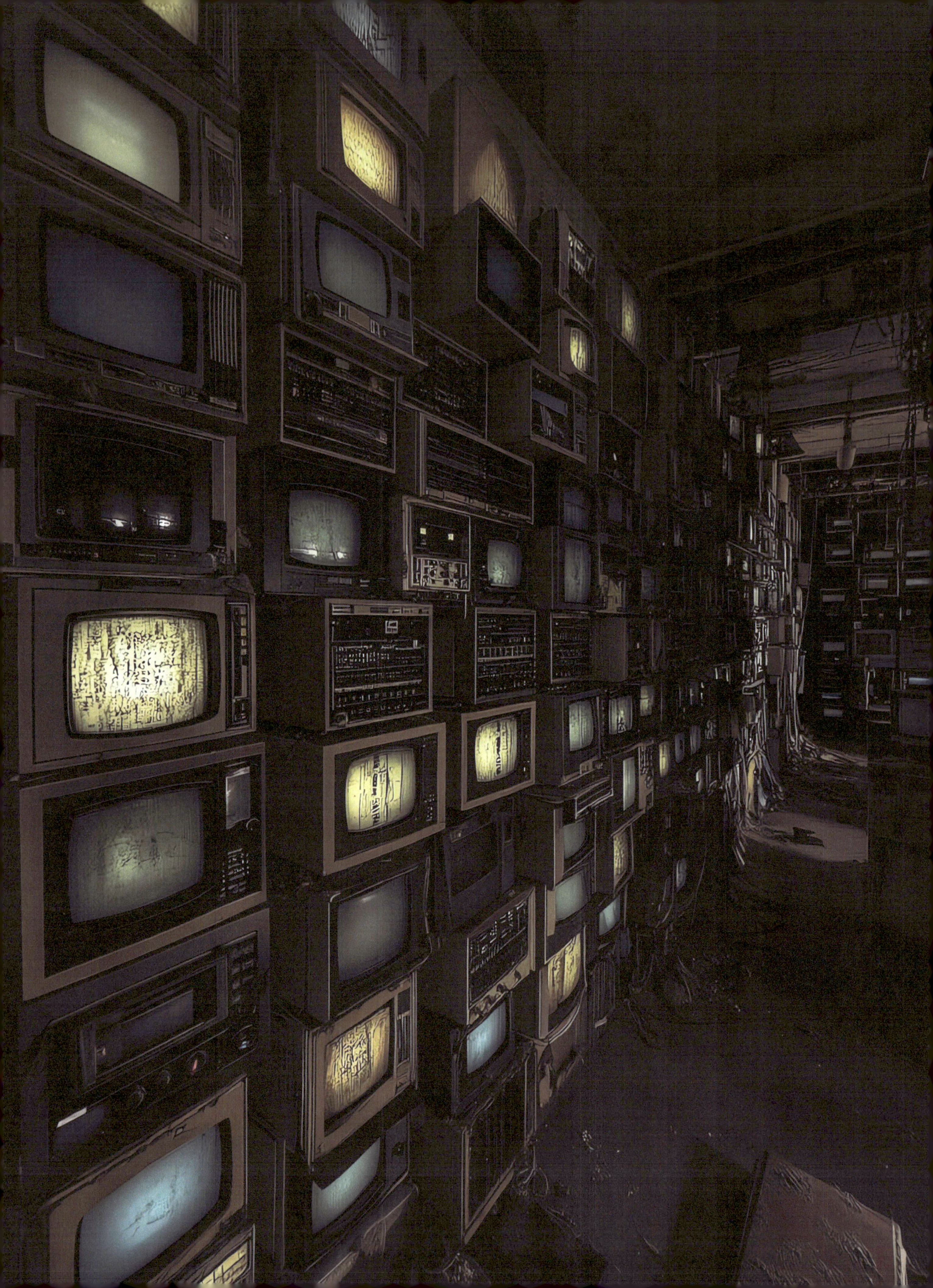

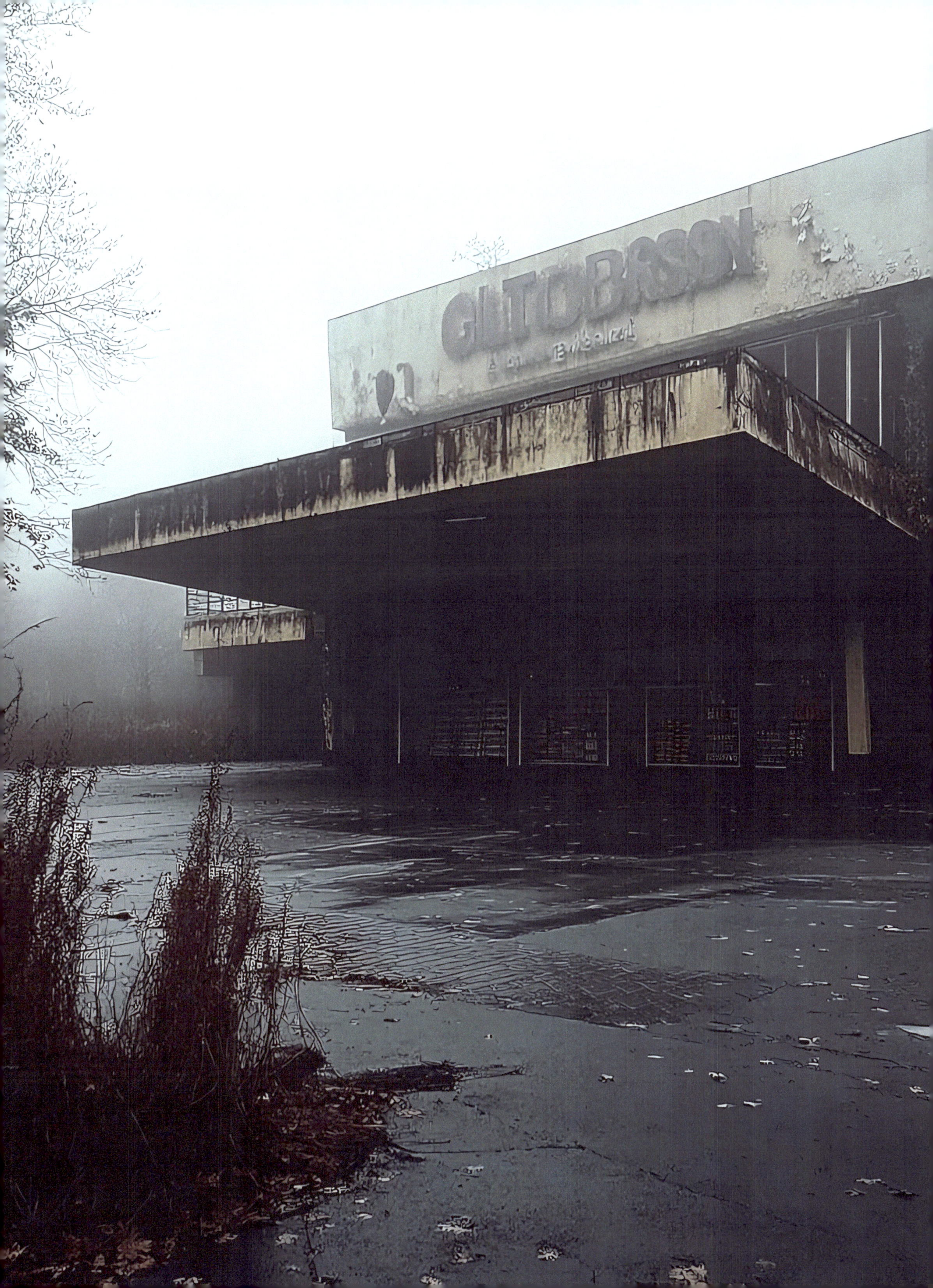

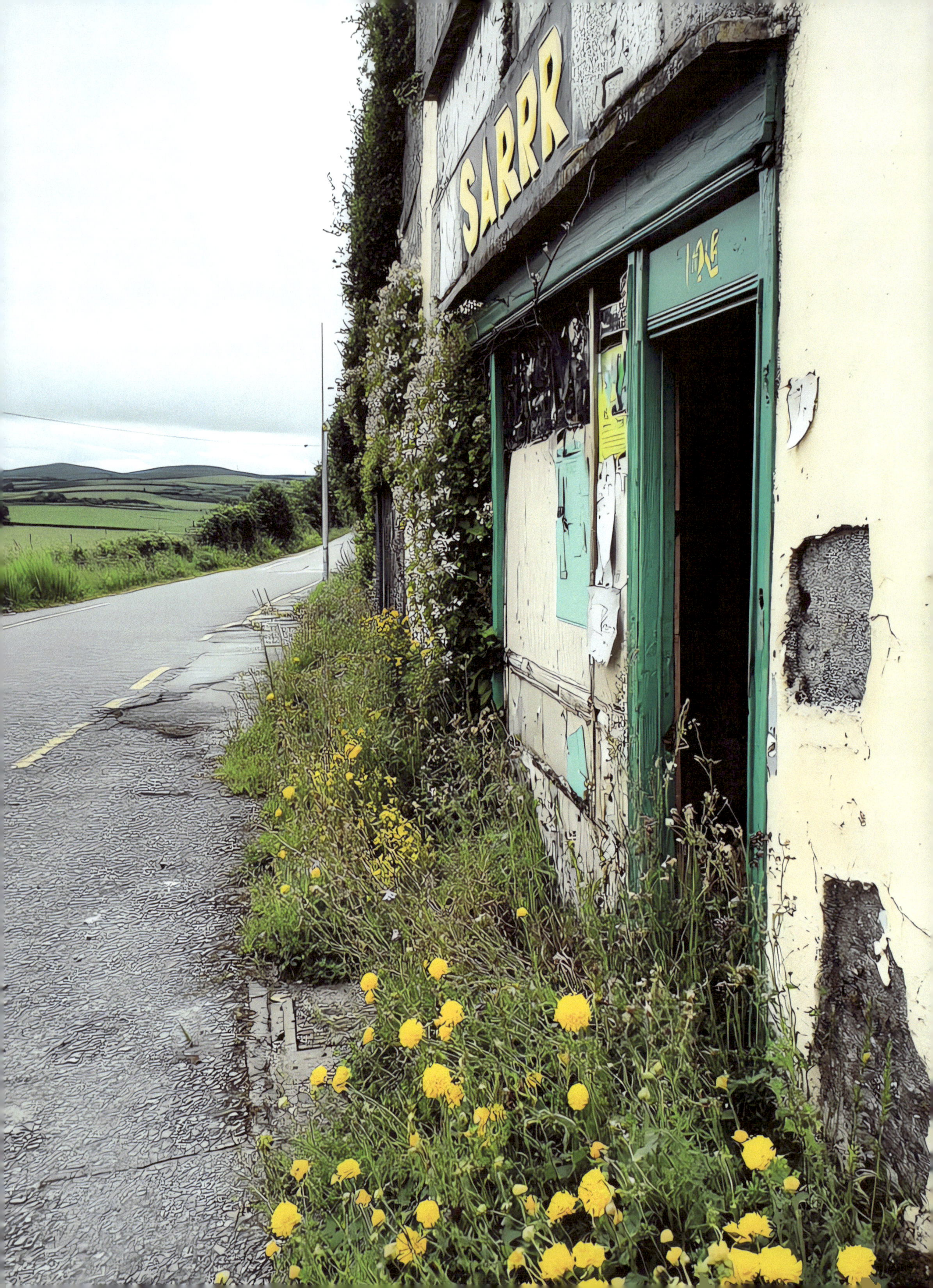
SARR

www.ingramcontent.com/pod-product-compliance
Lightning Source LLC
Chambersburg PA
CBHW040420220526
45473CB00004B/1298
9798303339064